校企合作家政服务与养老服务专业精品教材

养老服务政策法规与标准

严长远　郭媛媛　陈炳合　主编

中国人口与健康出版社
China Population and Health Publishing House
全国百佳图书出版单位

图书在版编目（CIP）数据

养老服务政策法规与标准 / 严长远，郭媛媛，陈炳合主编. — 北京：中国人口与健康出版社，2024.6
ISBN 978-7-5101-9735-2

Ⅰ. ①养… Ⅱ. ①严… ②郭… ③陈… Ⅲ. ①养老－福利政策－中国－职业教育－教材②养老－社会服务－法规－中国－职业教育－教材 Ⅳ. ①D669.6 ②D922.182.3

中国国家版本馆 CIP 数据核字 (2024) 第 017904 号

养老服务政策法规与标准

YANGLAO FUWU ZHENGCE FAGUI YU BIAOZHUN

严长远　郭媛媛　陈炳合　主编

责任编辑　杨际航
美术编辑　侯　铮
责任印制　林　鑫　任伟英
出版发行　中国人口与健康出版社
印　　刷　三河市悦鑫印务有限公司
开　　本　787 毫米 × 1092 毫米　1/16
印　　张　11.5
字　　数　287 千字
版　　次　2024 年 6 月第 1 版
印　　次　2024 年 6 月第 1 次印刷
书　　号　ISBN 978-7-5101-9735-2
定　　价　45.00 元

电子信箱　rkcbs@126.com
总编室电话　（010）83519392
发行部电话　（010）83510481
传　　真　（010）83538190
地　　址　北京市西城区广安门南街 80 号中加大厦
邮　　编　100054

人口老龄化是经济社会发展的重要趋势，是人类文明进步的重要体现，也是今后较长一段时期我国的基本国情。据测算，“十四五”时期，我国 60 岁及以上老年人口总量将突破 3 亿人，占总人口比重超过 20%，我国将进入中度老龄化阶段；到 2035 年前后，我国老年人口总量将增加到 4.2 亿人左右，占总人口比重将超过 30%，我国将进入重度老龄化阶段；到 21 世纪中叶，我国老年人口规模、老龄化率将相继达到峰值。人口老龄化程度的加深使整个社会对养老服务的需求持续增加，在这一背景下，我国出台了一系列政策、法规与标准，推动养老服务业快速、有序发展。

为了帮助养老服务相关专业的学生深入了解相关政策、法规与标准，掌握行业发展趋势，提高专业能力与综合素养，成为符合新时代中国特色社会主义建设要求的高素质养老服务人才，编者在大量搜集、分析最新资料的基础上，精心编写了本书，并在结构与内容等方面进行了积极探索与创新，力求使本书兼具实用性、科学性与趣味性。

具体而言，本书具有以下特色：

1 启智润心，立德树人

党的二十大报告中指出：“育人的根本在于立德。”本书积极贯彻党的二十大精神，落实立德树人根本任务，在每个项目前都设置了“素质目标”模块，并将素质教育融入正文的知识讲解中，潜移默化地引导学生养成遵纪守法、诚实守信、乐于助人、孝老爱亲等优良品质，实现全方位育人。此外，本书还设置了“政策引领”模块，帮助学生把握养老服务业的前沿政策动态，培养学生的政治素养。

2 校企合作，职业引领

在本书编写过程中，多家养老机构及相关企业提供了有力支持，一些长期在一线工作的养老服务从业人员根据自己多年来的工作实践给予了详细指导，使本书内容紧贴养老服务工作岗位实际，让学生能够学以致用。书中的部分案例和图片也由养老机构提供，有助于学生更好地了解理论知识在实践中的应用情况。

3 体例新颖，有趣实用

本书采用项目任务式结构编写，既有助于教师更好地推进教学工作，又利于学生理解和掌握知识点。每个任务均以“情境导入”模块引出正文，通过与知识点相关的情境激发学生的学习兴趣，引发学生思考。在知识讲解过程中穿插“知识拓展”“同步案例”“课堂活动”“小提示”等模块，帮助学生巩固所学知识，拓宽视野，增加课堂教学的趣味性。每个任务后以“情境回顾”解答“情境导入”中的提问，总结相关知识点。“课后练习”模块让学生以自学的方式了解课外知识。此外，每个项目后还设有“学习成果检测”和“学习成果评价”模块，帮助学生检验学习成果。

4 资源丰富，融合呈现

本书配有丰富的数字资源，读者既可以借助手机或其他移动终端扫描书中的二维码观看微课视频，也可以登录文旌综合教育平台“文旌课堂”查看和下载本书配套资源，如优质课件、教案、课后习题答案等。读者在阅读过程中有任何疑问，都可以登录该平台寻求帮助。

此外，本书还提供了在线题库，支持“教学作业，一键发布”，教师只需通过微信或“文旌课堂”App 扫描扉页二维码，即可实现迅速选题、一键发布、智能批改，并查看学生的作业分析报告，从而提高教学效率、提升教学体验。学生可在线完成作业，巩固所学知识，提高学习效率。

本书由严长远、郭媛媛、陈炳合担任主编，刘娟池、方梦麟担任副主编。由于编者水平有限，书中难免存在疏漏与不妥之处，诚请广大读者批评指正。

特别说明：

（1）编者在编写本书的过程中，参考了大量资料并引用了部分文字、图片等。大部分引用的资料已获授权，但由于部分资料来自网络，我们未能确认出处，也暂时无法联系到原作者。对此，我们深表歉意，并欢迎原作者随时与我们联系，我们将按规定支付酬劳。

（2）本书没有注明资料来源的案例均为编者自编或根据真实事件改编。

本书配套资源下载网址和联系方式

网址：https://www.wenjingketang.com

电话：400-117-9835

邮箱：book@wenjingketang.com

目录
CONTENTS

项目一 养老服务政策法规与标准概述

项目引言

近年来，随着人口老龄化程度不断加深，国家出台了一系列政策、法规与标准，以健全养老服务体系。这些政策、法规与标准不仅保障了老年人的权益，也为养老服务从业人员的工作提供了指导。养老服务从业人员应全面了解与养老服务有关的政策、法规与标准，这样才能更好地解决工作中遇到的问题，进而为老年人提供更优质的服务。

知识目标

- 了解政策的内涵、特点与养老服务相关政策。
- 了解法规的内涵、特点与养老服务相关法规。
- 了解法规的效力等级。
- 了解标准的内涵、特点、作用与养老服务相关标准。

素质目标

- 通过学习养老服务政策与法规方面的知识，培养法律意识和明辨是非的能力。
- 通过学习养老服务标准方面的知识，培养规范意识和标准意识。

任务一　了解养老服务政策

情境导入

小刘从某中等职业学校的老年人服务与管理专业毕业后，在深圳市的 A 养老院工作了近 5 年。参加工作以来，他参与了各种培训与技能比赛，并考取了养老护理员中级工证书。近日，小刘得知当地出台了新政策。根据新政策，他可以申领一笔 8 000 元的入职补贴；由于他持有养老护理员中级工证书，每个月还可以领取数百元的岗位补贴。

请思考：

（1）小刘可以申领入职补贴与岗位补贴的依据是什么？

（2）党的十八大以来，我国养老服务制度框架不断完善，养老服务政策文件密集出台，持续推动养老服务高质量发展。你知道哪些与养老服务有关的政策文件？

一、政策的内涵与特点

（一）政策的内涵

政策有广义和狭义之分。广义的政策是指政府、团队、个人等为了实现某个目标或达到某种目的而制定的行动准则和具体措施，如某超市的促销政策、某公司的人事管理政策等。

狭义的政策是指国家或政党为了实现其政治、经济、文化、社会、科技、教育等方面的发展目标而制定的行动准则和具体措施，包括政府制定和发布的各种规范、决定，以及为解决公共问题而采取的各种措施和办法，一般以规范性文件或政治宣言、行动纲领、政府工作报告等为载体。下文所述的政策均为狭义的政策。

（二）政策的特点

政策作为有关机构、团体、个人的行为准则、规范和指南，通常具有以下几个特点。

1．约束性与时效性

政策是国家或政党制定的，代表着国家或政党的意志，在一定范围内约束了其作用对象的行为，具有一定的强制性和导向、协调、控制、规范作用。此外，政策所服务的路线和任务处于动态发展变化之中，这使得政策具有时效性。

2．目的性与科学性

政策是国家或政党为了实现一定历史时期的发展目标而制定的，具有明确的目的性。为了达到这一目的，制定政策时须遵循实事求是原则，即符合客观实际，同时注重政策的实用

性和应用性。例如，2021 年 11 月，中共中央、国务院发布《关于加强新时代老龄工作的意见》，其目的是“实施积极应对人口老龄化国家战略，加强新时代老龄工作，提升广大老年人的获得感、幸福感、安全感”。为了达到此目的，该文件从健全养老服务体系、完善老年人健康支撑体系、促进老年人社会参与等方面，提出了一系列可行措施。

3．相关性与前瞻性

任何政策都不是独立的，而是与该领域的其他政策相互关联、相互补充，与其他领域的政策相互渗透，共同构成一个完整的政策体系。例如，养老服务政策体系包含了老年人权益保障、养老机构运营管理、养老服务人才培养等多方面的政策，这些政策又与医疗、教育、经济等领域的政策有着密切的联系。

此外，为避免社会实践活动因缺乏政策调控而导致不良后果，政策通常会在某一社会实践活动正式开始之前就发布。因此，政策具有前瞻性。

二、养老服务相关政策

下面从战略、规划、制度、操作四个层面，分别介绍养老服务相关政策。

（一）战略层面

战略层面上的政策是从全局、长远利益、大势出发做出判断和决策，并在此基础上形成的政策。例如，2020 年 10 月，党的十九届五中全会通过的《中共中央关于制定国民经济和社会发展第十四个五年规划和二〇三五年远景目标的建议》（以下简称《建议》）中首次提出“实施积极应对人口老龄化国家战略”，这是我国国家战略层面上的养老服务相关政策。

《建议》主要从三个方面提出了实施积极应对人口老龄化国家战略的建议。首先，要制定人口长期发展战略，优化生育政策，增强生育政策包容性，提高优生优育服务水平，发展普惠托育服务体系，降低生育、养育、教育成本，促进人口长期均衡发展，提高人口素质；其次，要积极开发老龄人力资源，发展银发经济；最后，要推动养老事业和养老产业协同发展，健全基本养老服务体系，发展普惠型养老服务和互助性养老，支持家庭承担养老功能，培育养老新业态，构建居家社区机构相协调、医养康养相结合的养老服务体系，健全养老服务综合监管制度。

2022 年 10 月，党的二十大开幕。二十大报告中再次强调，要实施积极应对人口老龄化国家战略，发展养老事业和养老产业，优化孤寡老人服务（见图 1-1），推动实现全体老年人享有基本养老服务。提出与实施积极应对人口老龄化国家战略，不仅是维护国家人口安全和社会和谐稳定、实现第二个百年奋斗目标的重要考量，也是推动高质量发展、加快构建新发展格局的重要举措。这一战略为“十四五”时期乃至之后更长时期有效应对人口老龄化工作与养老服务工作提供了重要指导。

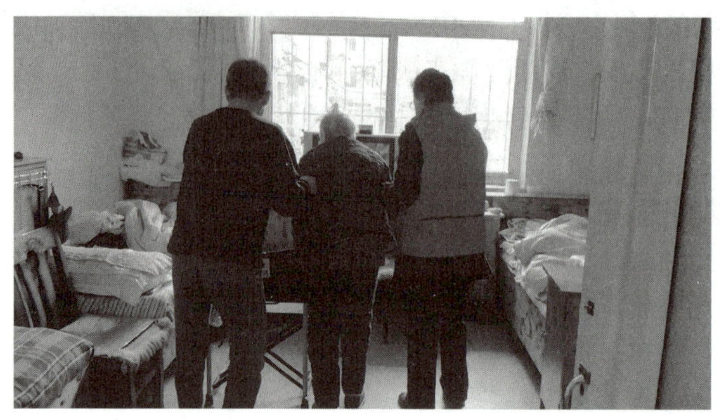

图 1-1　孤寡老人服务

此外，党的十九大报告中提出的乡村振兴战略、健康中国战略等战略层面上的政策也对我国的农村养老事业与产业发展、智慧养老产业发展等产生了深远的影响。

知识拓展

人口老龄化

人口老龄化是指人口中老年人比重日益上升的现象，尤其是指在已经达到老年状态的人口中，老年人口比重继续提高的过程。国际上一般把 60 岁及以上的人口占总人口比重达到 10%，或 65 岁及以上的人口占总人口比重达到 7%作为一个国家或地区进入老龄化社会的标准。

人口老龄化进程给经济社会发展带来风险和挑战的同时，也蕴含着发展机遇，倒逼科学技术创新、产业结构调整、劳动力素质提升、就业结构和方式转型，促进供给侧和需求侧改革，形成新的经济增长点。

资料来源：国家信息中心官网，有改动

（二）规划层面

规划层面上的政策是战略层面上的政策的具体化，包括中长期规划与短期规划。

1．中长期规划

2019 年 11 月，中共中央、国务院发布《国家积极应对人口老龄化中长期规划》，明确了近期至 2022 年、中期至 2035 年、远期至 2050 年，我国积极应对人口老龄化的阶段性目标，并从五个方面部署了应对人口老龄化的具体工作任务：夯实应对人口老龄化的社会财富储备，改善人口老龄化背景下的劳动力有效供给，打造高质量的为老服务和产品供给体系，强化应对人口老龄化的科技创新能力，构建养老、孝老、敬老的社会环境。

在战略层面上的政策与国家中长期规划的基础上，部分地方政府部门制定了适应当地的

养老服务发展中长期规划。例如，北京市民政局、北京市规划和自然资源委员会于 2021 年 9 月发布《北京市养老服务专项规划（2021 年—2035 年）》，提出了全面建成全面覆盖、城乡统筹、独具北京特色的“三边四级”精准居家社区养老服务体系的规划目标。

2. 短期规划

2021 年 6 月，民政部、国家发展改革委发布《“十四五”民政事业发展规划》，明确提出全要素构建养老服务体系，在实施积极应对人口老龄化国家战略中彰显新作为，并从加强养老服务保障、优化居家社区机构养老服务网络、壮大养老服务产业、加强养老服务人才队伍建设、提升综合监管水平五个方面做出了部署和规划。

2022 年 2 月，国务院发布《“十四五”国家老龄事业发展和养老服务体系规划》，明确了“十四五”时期的相应发展目标，即养老服务供给不断扩大、老年健康支撑体系更加健全、为老服务多业态创新融合发展、要素保障能力持续增强、社会环境更加适老宜居，并提出了一系列发展措施，如建立基本养老服务清单制度、构建城乡老年助餐服务体系、推进公共环境无障碍和适老化改造等。此外，该文件还提出了“十四五”国家老龄事业发展和养老服务体系主要指标，如表 1-1 所示。

表 1-1　“十四五”国家老龄事业发展和养老服务体系主要指标

指　标	2025 年目标
养老服务床位总量	达到 900 万张以上
特殊困难老年人月探访率	达到 100%
新建城区、新建居住区配套建设养老服务设施达标率	达到 100%
养老机构护理型床位占比	达到 55%
设立老年医学科的二级及以上综合性医院占比	达到 60%以上
本科高校、职业院校养老服务相关专业招生规模	明显增长
每千名老年人配备社会工作者人数	保持 1 人以上
老年大学覆盖面	每个县（市、区、旗）至少 1 所
“敬老月”活动覆盖面	每个县（市、区、旗）每年开展 1 次

为进一步促进智慧健康养老产业发展，积极应对人口老龄化，打造信息技术产业发展新动能，满足人民群众日益迫切的健康及养老需求，增进人民福祉和促进经济社会可持续发展，工业和信息化部、民政部、国家卫生健康委共同制定并于 2021 年 10 月发布《智慧健康养老产业发展行动计划（2021—2025 年）》。该文件提出了六大重点工作任务，分别为强化信息技术支撑，提升产品供给能力；推进平台提质升级，提升数据应用能力；丰富智慧健康服务，提升健康管理能力；拓展智慧养老场景，提升养老服务能力；推动智能产品适老化设计，提升老年人智能技术运用能力；优化产业发展环境，提升公共服务能力。此外，该文件还提出了智慧健康养老产品供给工程、智慧健康创新应用工程和智慧养老服务推广工程三个专项工程。

各地方政府部门依据战略层面上的政策与上位规划，制定了适应当地的养老服务发展短

期规划。例如，江苏省人民政府办公厅于 2021 年 9 月发布《江苏省“十四五”养老服务发展规划》，提出推进长三角养老服务一体化发展等重点任务；南京市人民政府办公厅于 2021 年 9 月发布《南京市“十四五”养老服务发展规划》，提出养老应急能力建设工程、养老服务“时间银行”提升计划等一系列重点计划工程。

（三）制度层面

制度层面上的政策是战略与规划层面上的政策在某一领域的具体化。我国制度层面上的养老服务政策涉及养老保险、医疗保障、养老服务监管等领域。

1. 养老保险领域

2014 年 2 月，国务院发布《关于建立统一的城乡居民基本养老保险制度的意见》，在总结新型农村社会养老保险（以下简称“新农保”）与城镇居民社会养老保险（以下简称“城居保”）试点经验的基础上，决定将新农保和城居保两项制度合并实施，在全国范围内建立统一的城乡居民基本养老保险制度。

2018 年 6 月，国务院发布《关于建立企业职工基本养老保险基金中央调剂制度的通知》，提出在现行企业职工基本养老保险省级统筹基础上，建立中央调剂基金，对各省份养老保险基金进行适度调剂，确保基本养老金按时足额发放。

2022 年 4 月，国务院办公厅发布《关于推动个人养老金发展的意见》，出台了个人养老金制度，明确了个人养老金制度的模式、运营和监管等。

2. 医疗保障领域

2020 年 2 月，中共中央、国务院发布《关于深化医疗保障制度改革的意见》，从完善公平适度的待遇保障机制、健全稳健可持续的筹资运行机制、建立管用高效的医保支付机制、健全严密有力的基金监管机制、协同推进医药服务供给侧改革、优化医疗保障公共管理服务等方面，提出了深化医疗保障制度改革的意见，优化了老年人的基本医疗保障制度。

2021 年，国务院办公厅发布《关于建立健全职工基本医疗保险门诊共济保障机制的指导意见》和《关于健全重特大疾病医疗保险和救助制度的意见》，从门诊共济保障、医疗救助等方面，进一步完善了老年人医疗保障制度。

3. 养老服务监管领域

2020 年 12 月，国务院办公厅发布《关于建立健全养老服务综合监管制度促进养老服务高质量发展的意见》。这是我国养老服务领域第一份以监管为主题促进高质量发展的政策文件，明确了对养老服务的监管重点、监管责任、监管方式等，并确立了养老服务综合监管相关部门的职责分工。

（四）操作层面

操作层面上的政策是针对某一领域的问题制定的具体措施、行动计划、工作方案等，是最基础的政策。与其他层面上的政策相比，操作层面上的政策具有较强的可操作性，且时效短，灵活性强。

2020 年 11 月，国务院办公厅发布《关于切实解决老年人运用智能技术困难的实施方案》，围绕老年人在出行、就医、消费、文娱、办事等方面遇到的不便，提出了便于老年人乘坐公共交通、优化老年人网上办理就医服务、保留传统金融服务方式等 20 项重点任务。

2022 年 8 月，国家发展改革委、民政部、国家卫生健康委等 13 个部门联合发布《养老托育服务业纾困扶持若干政策措施》。该文件针对养老托育服务业面临的特定困难，提出了房租减免、税费减免、社会保险支持等 6 个方面共 26 条具体措施，为养老托育服务业提供了有效的帮扶与支持。

为贯彻落实国务院办公厅发布的《关于推动个人养老金发展的意见》，人力资源社会保障部、财政部等 5 个部门于 2022 年 11 月联合发布《个人养老金实施办法》，对个人养老金的参加流程、信息报送和管理、资金账户管理、机构与产品管理、信息披露、监督管理等做出了具体规定。

为落实《国家标准化发展纲要》关于开展养老和家政服务标准化专项行动的要求，国家标准化管理委员会、民政部、商务部于 2023 年 2 月联合发布《养老和家政服务标准化专项行动方案》，提出了升级养老和家政服务标准体系、优化养老和家政服务标准供给结构、夯实支撑养老和家政服务业规范发展的基础标准、完善养老和家政服务质量提升标准等重点任务。

基于国家政策，各地方政府部门也制定了一系列更为具体的操作层面上的养老服务政策。例如，2022 年 3 月，安徽省民政厅发布《老年助餐服务实施方案》，提出了新建和改建社区老年食堂、设置老年助餐点（见图 1-2）、引入社会餐饮企业开展助餐服务等具体措施；2022 年 6 月，江苏省民政厅等部门发布《江苏省居家社区养老服务能力提升三年行动工作方案（2022—2024）》，提出了加强社区闲置房产资源改造利用、探索老年认知症友好社区建设等具体措施。

图 1-2　老年助餐点

情境回顾

党的十八大以来，国家出台了一系列养老服务相关政策，体现了对养老服务工作的重视。例如，《“十四五”国家老龄事业发展和养老服务体系规划》中提出，要推动有关培训疗养机构转型发展养老服务，强化支持老龄事业发展和养老服务的资金保障，加强养老服务人才队伍建设等。

在国家政策的指导下，各地方政府部门也制定了一系列针对养老服务的支持政策，主要体现在加大培训力度、提高从业人员待遇等方面。例如，《浙江省民政厅关于印发服务保障稳经济兜民生底线20条措施的通知》中提出："各地要加大护理员培训力度，及时组织等级认定，按规定落实养老护理员岗位奖励，按工作年限、技能等级给予补助，引导更多人员从事养老护理工作。"

2023年4月，深圳市民政局、深圳市财政局发布《深圳市养老机构从业人员补贴试行办法》，对符合条件的养老机构从业人员发放入职补贴与岗位补贴，具体实施方法如表1-2所示。

表1-2　深圳市养老机构从业人员补贴实施方法

补贴类别	申请条件	补贴标准
入职补贴	（1）在毕业3年以内进入深圳市养老机构，从事一线专业技术岗位或养老护理技能岗位工作累计满3年 （2）申请期间仍从事专业技术岗位或养老护理技能岗位工作，且未达到法定退休年龄 （3）与养老机构或劳务派遣机构签订劳动合同，并在深圳市依法缴纳社会保险费（不含补缴） （4）取得国家认可的高等教育院校、中高等职业教育院校毕业证书和国家认可的与所从事岗位相关的职业证书	（1）专业技术岗位：专科（高职）学历补贴8 000元、本科学历补贴10 000元、研究生及以上学历补贴15 000元 （2）养老护理技能岗位：中专学历补贴8 000元、专科（高职）学历补贴10 000元、本科及以上学历补贴15 000元
岗位补贴	（1）在深圳市养老机构内从事一线养老护理技能岗位工作（护理服务管理人员同时承担一线护理工作的，可视同从事一线养老护理技能岗位工作），连续工作满1年，未达到法定退休年龄，申请期间仍从事一线养老护理工作 （2）与养老机构或劳务派遣机构签订劳动合同，并在深圳市依法缴纳社会保险费（不含补缴） （3）取得国家认可的养老护理相关职业证书	（1）初级（五级）养老护理员或同等职业证书、养老护理类专项职业能力证书，每月补贴100元 （2）中级（四级）养老护理员或同等职业证书每月补贴200元 （3）高级（三级）养老护理员或同等职业证书每月补贴300元 （4）技师（二级）或同等职业证书每月补贴500元 （5）高级技师（一级）或同等职业证书每月补贴800元

在"情境导入"中，根据该政策，从中等职业学校毕业、在深圳市养老机构从事一线养老护理技能岗位工作的小刘可以领取8 000元的入职补贴，且由于持有养老护理员中级工证书，还可以每月领取200元的岗位补贴。

课后练习

搜集你所在地区发布的养老服务相关地方政策，将其分类整理，并与同学分享。

任务二　了解养老服务法规

情境导入

某天，小刘所在的A养老院接收了几名从B养老院转移过来的老年人。经过了解，小刘得知在当地民政部门开展的安全检查中，B养老院被发现消防条件不达标，且未在规定期限内完成整改，因此被责令停业整顿。停业整顿期间，B养老院内的老年人被就近安置于其他养老院。

请思考：

（1）当地民政部门的行为有哪些法规依据？

（2）你知道哪些与养老服务有关的法规？

一、法规的内涵与特点

（一）法规的内涵

法规是指国家机关在其职权范围内制定的要求人们普遍遵守的法律、法令、条例、规则、章程等的总称。按照制定机构与效力的不同，法规可以分为宪法、法律、行政法规、部门规章、地方性法规、地方政府规章、规范性文件等。

（二）法规的特点

1. 规范性与严谨性

法规的内容、格式和制定、发布、实施、修改、废止等都要严格遵守相应规范，这也在一定程度上保证了法规无论是在内容上还是在执行上都是十分严谨的。

2. 约束性与普遍性

法规具有约束性，具体体现在法规为人们的某些行为制定了严格的标准，人人都需要在这种标准的约束下行动。不仅如此，法律还需要由国家强制力保证实施。法规在其所涉及的范围内具有普遍的约束力，所有公民都应遵守，因此法规又具有普遍性。

3. 稳定性与灵活性

法规一经公布，在一定时期内就应保持稳定，不应随意变动，否则不仅会对法规的贯彻实施产生影响，也会降低人们对法规的信任度。但这种稳定也是相对的，法规在执行过程中，需要随着外部环境的变化，依据实际情况做出相应的调整。例如，《中华人民共和国老年人权益保障法》（以下简称《老年人权益保障法》）自1996年颁布并实施后，在尽可能保证总体框架不变的前提下，共经历了 1 次修订（2012 年）与 3 次修正（2009 年、2015 年、2018 年），逐渐走向成熟和完善。

二、养老服务相关法规

（一）宪法

宪法是国家的根本法，是治国安邦的总章程，是党和人民意志的集中体现。宪法具有最高的法律效力，是其他法律的立法基础。其他法律是宪法的具体化，且不得同宪法相抵触。现行的《中华人民共和国宪法》（以下简称《宪法》）于 1982 年第五届全国人民代表大会第五次会议通过，并历经了 5 次修正，修正时间分别为 1988 年、1993 年、1999 年、2004 年、2018 年。

《宪法》第四十五条第一款规定："中华人民共和国公民在年老、疾病或者丧失劳动能力的情况下，有从国家和社会获得物质帮助的权利。国家发展为公民享受这些权利所需要的社会保险、社会救济和医疗卫生事业。"第四十九条第三款规定："父母有抚养教育未成年子女的义务，成年子女有赡养扶助父母的义务。"第四十九条第四款规定："禁止破坏婚姻自由，禁止虐待老人、妇女和儿童。"这些规定从根本上确立了老年人的权益，也为各项法律中相关条款的制定提供了基本依据和价值引领。

公民的基本权利和义务是宪法的核心内容，宪法是每个公民享有权利、履行义务的根本保证。

（二）法律

法律由拥有立法权的全国人民代表大会和全国人民代表大会常务委员会制定，由国家主席签署中华人民共和国主席令予以公布，一般以"法"命名。例如，《老年人权益保障法》于 1996 年 8 月 29 日由第八届全国人民代表大会常务委员会第二十一次会议通过，于 1996 年 8 月 29 日由中华人民共和国主席令第七十三号公布。

《老年人权益保障法》根据宪法制定，其目的是保障老年人合法权益，发展老龄事业，弘扬中华民族敬老、养老、助老的美德。除总则与附则外，该法还分为家庭赡养与扶养、社会保障、社会服务、社会优待、宜居环境、参与社会发展、法律责任七个部分，对保护老年人的权益、保障老年人权益的义务主体进行了具体化。

一些其他法律也对老年人的权益保障做出了相关规定。例如，《中华人民共和国民法典》（以下简称《民法典》）第二十六条第二款规定："成年子女对父母负有赡养、扶助和保护的义务。"《中华人民共和国刑法》（以下简称《刑法》）第二百六十一条规定："对于年老、年幼、患病或者其他没有独立生活能力的人，负有扶养义务而拒绝扶养，情节恶劣的，处五年以下有期徒刑、拘役或者管制。"

此外，一些法律还涉及养老机构的运营管理、养老服务从业人员的权益保障等方面。例如，《中华人民共和国消防法》第二十六条第二款、第二十八条、第四十四条第二款对包括养老院在内的人员密集场所的火灾预防和火灾救援做出了规定，《中华人民共和国劳动法》（以下简称《劳动法》）第三条、第七条等诸多条款对包括养老服务从业人员在内的劳动者的权利与义务做出了规定。

（三）行政法规

行政法规是指国务院根据宪法和法律，按照法定程序制定的有关行使行政权力、履行行政职责的法规，由国务院总理签署国务院令公布，一般以“条例”“规定”“办法”等命名。例如，《无障碍环境建设条例》于 2012 年 6 月 13 日由国务院第 208 次常务会议通过，于 2012 年 6 月 28 日由国务院令第 622 号公布。《无障碍环境建设条例》是我国第一部由国家颁布、确立、实施的关于无障碍环境建设的行政法规，该法规分别就无障碍设施建设、无障碍信息交流、无障碍社区服务等做出了相关规定，以为包括老年人在内的有无障碍需求的社会成员提供生活便利。

《无障碍环境建设条例》解读

其他涉及养老服务的行政法规还有《建设工程抗震管理条例》《中华人民共和国食品安全法实施条例》《农村五保供养工作条例》《社会救助暂行办法》等。例如，《建设工程抗震管理条例》第十六条第一款规定，养老机构应当按照不低于重点设防类的要求采取抗震设防措施；《中华人民共和国食品安全法实施条例》第二十八条第一款规定，养老机构的食堂应当执行原料控制、餐具饮具清洗消毒、食品留样等制度，并定期开展食堂食品安全自查。

（四）部门规章

部门规章是指国务院各部、委员会，中国人民银行、审计署和具有行政管理职能的直属机构，以及法律规定的其他机构，根据法律与国务院的行政法规、决定、命令，在本部门的权限范围内制定的规章，一般以“办法”“规定”等命名。例如，《保险公司养老保险业务管理办法》由原中国保险监督管理委员会制定，《养老机构管理办法》由民政部制定。

2007 年，《保险公司养老保险业务管理办法》发布，标志着养老保险作为保险业重要的业务领域，有了专门的部门规章加以规范。该法规对被保险人和受益人的权益保障做出了多项规定，以促进养老保险真正实现养老保障的功能和目标。

面对国内养老机构发展程度不同、管理难度各异、服务标准不统一等问题，民政部于 2013 年发布《养老机构管理办法》，并于 2020 年对该法规进行了修订。该法规明确了养老机构的备案办理、服务规范、运营管理、监督检查、法律责任等，并提出了建立入院评估制度、签订服务协议、建立健康档案等养老机构管理措施，有效完善了养老机构运营管理工作，有助于更好地保障老年人的合法权益，维持养老机构正常的运营秩序。

（五）地方性法规

省、自治区、直辖市的人民代表大会及其常务委员会根据本行政区域的具体情况和实际需要，在不与宪法、法律、行政法规相抵触的前提下，可以制定地方性法规。设区的市和自治州的人民代表大会及其常务委员会根据本市、自治州的具体情况和实际需要，在不与宪法、法律、行政法规和本省、自治区的地方性法规相抵触的前提下，可以对城乡建设与管理、生态文明建设、历史文化保护、基层治理等方面的事项制定地方性法规。

地方性法规一般以“条例”“规定”“办法”等命名，如《福建省养老服务条例》《厦门经济特区老年人权益保障规定》《陕西省实施〈中华人民共和国老年人权益保障法〉办法》等。地方性法规仅在本行政区域内具有法律效力。我国与养老服务相关的地方性法规繁多，涉及养老服务规范、老年人权益保障、养老机构运营管理、养老保险制度规范等多个方面。

1. 养老服务规范方面

为了积极应对人口老龄化，完善养老服务体系，规范养老服务工作，许多地区出台了用于规范养老服务工作的法规。例如，《福建省养老服务条例》明确了居家社区养老服务、机构养老服务、医养康养结合三类养老服务方式，分别规范了服务内容、服务提供主体、服务要求等；《广州市养老服务条例》明确了“基本养老服务”的概念，即“由政府主导、保障全体老年人生存和发展基本需要、与经济社会发展水平相适应、全体老年人可公平获得的公共服务”，同时匹配了专门针对基本养老服务的扶持和保障措施。

针对居家养老服务等更加具体的养老服务方式，一些地区也出台了相应的地方性法规。例如，《山西省社区居家养老服务条例》从服务设施、服务供给、服务保障、监督管理、法律责任等方面对本省社区居家养老服务（见图 1-3）及相关活动做出了规定；《湖南省社区居家养老助餐服务若干规定》明确了社区居家养老助餐服务的服务对象、助餐机制、服务方式、场所建设、部门单位职责等；《成都市养老服务促进条例》对养老服务设施的规划与建设、居家养老服务、机构养老服务、服务人员等进行了规范，并提出了一系列扶持措施，明确了相关机构与人员的监督管理职责与法律责任。

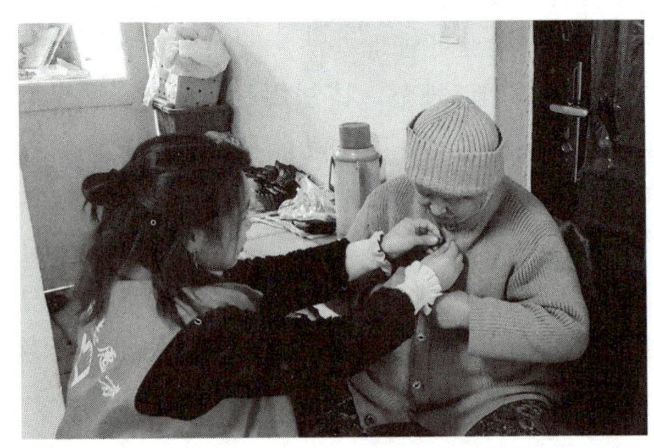

图 1-3　社区居家养老服务

2. 老年人权益保障方面

为了保障老年人的合法权益，许多地区在遵守《老年人权益保障法》等有关法规的基础上，制定了适用于本地区的老年人权益保障方面的法规。例如，《新疆维吾尔自治区老年人权益保障条例》强调老年人社会服务需求的多元化，着力推动保障工作由侧重老年人物质保障向全方位满足老年人物质需求、服务需求、精神文化需求转变；《厦门经济特区老年人权益保障规定》从社会保障、养老服务、社会优待、宜居环境、参与社会发展等方面进行制度设计，为维护老年人的合法权益提供制度保障。

3. 养老机构运营管理方面

部分地区针对当地养老机构的运营管理制定适用于本地区的法规。例如，《海南省养老机构管理条例》对当地养老机构的设立、变更与注销，服务管理，扶持与监管等做出相应规定；《无锡市养老机构条例》对当地养老机构的规划建设，设立、变更与终止，扶持发展，服务规范，运营管理，监督检查等做出相应规定。

4. 养老保险制度规范方面

为了完善和规范本地区的养老保险制度，一些地区针对社会养老保险、企业养老保险等制定适用于本地区的法规。例如，《山西省城乡居民补充养老保险条例》针对低收入人群的养老问题提出了解决方法，确保城乡居民补充养老保险于法有据、顺利实施；《深圳经济特区社会养老保险条例》从养老保险费的征集、养老保险待遇、养老保险基金管理和监督等方面，完善深圳市的社会养老保险制度，为劳动者的合法权益提供法治保障。

5. 其他方面

一些地区为保障老年人继续受教育的权利，促进老年教育事业的发展，制定适用于本地区的法规，如《山东省老年教育条例》《徐州市老年教育条例》等。

一些地方性法规对法律与行政法规在本地区的实施方法做出具体规定，如《陕西省实施〈中华人民共和国老年人权益保障法〉办法》《青岛市实施〈中华人民共和国老年人权益保障法〉若干规定》等。

（六）地方政府规章

地方政府规章是指省、自治区、直辖市和设区的市、自治州的人民政府，根据法律、行政法规和本省、自治区、直辖市的地方性法规，按照法定程序制定的，在其行政区域范围内实施的规章。地方政府规章一般以“办法”“规定”“决定”等命名，如《重庆市养老机构管理办法》《北京市基本养老保险规定》等。

我国与养老服务相关的地方政府规章主要涉及老年人优待、养老机构运营管理、养老保险制度规范等领域。表 1-3 为与养老服务相关的部分地方政府规章及其主要内容。

表 1-3　与养老服务相关的部分地方政府规章及其主要内容

涉及领域	规章名称	主要内容
老年人优待	《河北省老年人优待办法》	规定本地区老年人在政务服务、卫生保健、文体休闲、交通出行、公共商业服务、维权服务等方面享受的优待
	《吉林省优待老年人规定》	
	《湖北省关于老年人享受优待服务的规定》	
	《广东省老年人优待办法》	
	《陕西省老年人优待服务办法》	
	《新疆维吾尔自治区优待老年人规定》	
	《哈尔滨市优待老年人规定》	
养老机构运营管理	《重庆市养老机构管理办法》	规范养老机构的设立、运营、监督管理、扶持发展等工作
	《武汉市社会办养老福利机构管理办法》	
	《苏州市民办养老机构管理办法》	
养老保险制度规范	《北京市基本养老保险规定》	规范养老保险的保险费征集、保险待遇计发、管理监督等工作
	《上海市城镇职工养老保险办法》	
	《天津市城镇企业职工养老保险条例实施细则》	
	《江苏省企业职工基本养老保险规定》	
	《广东省社会养老保险实施细则》	
	《长沙市从业人员基本养老保险办法》	
	《〈深圳经济特区社会养老保险条例〉实施细则》	

（七）规范性文件

规范性文件有广义和狭义之分。

从广义上讲，规范性文件是指属于法律范畴（即法律、行政法规、规章）的立法性文件和除此以外的由国家机关和其他团体、组织制定的具有约束力的非立法性文件的总和。

从狭义上讲，规范性文件是指除宪法、法律、行政法规、部门规章、地方性法规、地方政府规章以外，由行政机关或者经法规授权的具有管理公共事务职能的组织依照法定权限、程序制定并公开发布，涉及公民、法人和其他组织权利义务，具有普遍约束力，在一定期限内反复适用的公文。下文所述规范性文件均指狭义上的规范性文件。规范性文件一般以“意见”“规定”“决定”“通知”“通告”“公告”“报告”“纪要”“答复”“解释”“说明”“函”等命名，不得以“法”“条例”“办法”“细则”命名。

规范性文件可以是政策的载体，大多数战略层面、规划层面、制度层面、操作层面上的政策都通过规范性文件发布。此外，规范性文件也可以用于指导、监督政策的实施。例如，2020 年 12 月，《国务院办公厅关于促进养老托育服务健康发展的意见》发布，从操作层面提出了促进养老托育服务健康发展的政策，并明确了各责任单位的重点任务分工；为了贯彻落实该政策，国家发展改革委办公厅于 2021 年 3 月发布《关于做好〈国务院办公厅关于促进养

老托育服务健康发展的意见〉贯彻落实工作的通知》，要求各部门做好该政策的学习、推进、宣传等工作，并在规定时间内报送相关工作方案、工作计划与工作落实情况。

三、法规的效力等级

（1）宪法具有最高的效力，一切其他法规都不得同宪法相抵触。

（2）法律的效力高于行政法规、部门规章、地方性法规、地方政府规章。行政法规的效力高于部门规章、地方性法规、地方政府规章。

（3）部门规章之间、部门规章与地方政府规章之间具有同等效力，在各自的权限范围内施行。

（4）地方性法规的效力高于本级和下级地方政府规章，省、自治区的人民政府制定的地方政府规章的效力高于本行政区域内设区的市、自治州的人民政府制定的地方政府规章。

（5）同一机关制定的同类别法规中，特别规定与一般规定不一致的，适用特别规定；新规定与旧规定不一致的，适用新规定。

（6）规范性文件的效力一般低于其他法规。

（7）上级行政机关制定的规范性文件的效力高于其所属下级机关制定的规范性文件，互不隶属的行政机关制定的规范性文件之间则不存在效力高低关系。

（8）国务院通过的规范性文件的效力高于部门规章与地方政府规章。在本行政区域范围内，地方性法规的效力一般高于国务院通过的规范性文件。

法定解释性文件是一种特殊的规范性文件，往往具有较高的效力。例如，某行政机关制定的法定解释性文件的效力高于该机关制定的其他规范性文件；国务院制定的法定解释性文件与行政法规具有同等效力；若某行政机关有权制定规章，则该机关制定的法定解释性文件与其制定的规章具有同等效力。

情境回顾

《老年人权益保障法》第四十四条第二款规定：“县级以上人民政府民政部门负责养老机构的指导、监督和管理，其他有关部门依照职责分工对养老机构实施监督。”第四十五条第一款规定：“县级以上人民政府民政部门依法履行监督检查职责，可以采取以下措施：

“（一）向养老机构和个人了解情况；

“（二）进入涉嫌违法的养老机构进行现场检查；

“（三）查阅或者复制有关合同、票据、账簿及其他有关资料；

“（四）发现养老机构存在可能危及人身健康和生命财产安全风险的，责令限期改正，逾期不改正的，责令停业整顿。”

《养老机构管理办法》第三十六条第一款规定："民政部门应当加强对养老机构服务和运营的监督检查，发现违反本办法规定的，及时依法予以处理并向社会公布。"第三十七条第一款第四项规定："发现养老机构存在可能危及人身健康和生命财产安全风险的，责令限期改正，逾期不改正的，责令停业整顿。"第三十八条第二款规定："民政部门应当每年对养老机构服务安全和质量进行不少于一次的现场检查。"

在"情境导入"中，当地民政部门正是基于《老年人权益保障法》《养老机构管理办法》中的上述条款，依法对B养老院进行了安全检查，并责令消防条件不达标且逾期不改正的B养老院停业整顿。

课后练习

（1）查阅《老年人权益保障法》与《养老机构管理办法》，熟悉相关法规条款。

（2）搜集你所在地区发布的养老服务相关地方性法规、地方政府规章与规范性文件，将其分类整理，并与同学分享。

任务三　了解养老服务标准

情境导入

A养老院在接待了转移安置的老年人后，按照相关国家标准，要对这些老年人进行服务安全风险评估。小刘参与了服务安全风险评估中的跌倒风险评估。按照相关行业标准的要求，小刘与同事们评估了老年人的平衡能力、疾病情况、用药情况等，填写了老年人跌倒风险评估表，并将评估结果告知了老年人的家属。

请思考：

（1）小刘和他所在的A养老院遵守了哪些国家标准与行业标准？

（2）你还知道哪些与养老服务有关的标准？

一、标准的内涵与特点

（一）标准的内涵

标准是指农业、工业、服务业及社会事业等领域需要统一的技术要求，包括国家标准、行业标准、地方标准等。其中，国家标准分为强制性国家标准与推荐性国家标准，行业标准与地方标准都是推荐性标准。

强制性标准与推荐性标准的区别

强制性标准必须执行，国家鼓励采用推荐性标准。

（二）标准的特点

1. 权威性

标准在相关领域具有权威性。强制性国家标准由国务院有关行政主管部门负责提出、组织起草、征求意见、技术审查，由国务院标准化行政主管部门负责立项、编号、对外通报，由国务院批准发布或授权批准发布。推荐性国家标准由国务院标准化行政主管部门制定。行业标准由国务院有关行政主管部门制定，并报国务院标准化行政主管部门备案。地方标准由各地方人民政府标准化行政主管部门制定。

2. 透明性

有关部门在制定标准的过程中，要采用多种方式征求各方意见，并组织对标准相关事项进行调查分析、实验、论证，全程公开透明。强制性标准文本需要免费向社会公开，国家鼓励推荐性标准文本免费向社会公开。此外，《中华人民共和国标准化法》（以下简称《标准化法》）第三十五条规定，任何单位或者个人都有权向标准化行政主管部门、有关行政主管部门举报、投诉违反本法规的行为，标准化行政主管部门、有关行政主管部门应当向社会公开受理举报、投诉的电话、信箱或者电子邮件地址，并安排人员受理举报、投诉。

3. 实用性

标准是为了解决实际问题或潜在问题而制定的，具有较强的实用性。标准的内容清晰明确，贴近现实工作与生活，从业人员可以按照标准的指导进行工作，消费者也可以依据标准判断产品与服务的质量。

4. 科学性

标准是在科学技术研究成果和社会实践经验的基础上，经过深入调查论证、广泛征求意见后形成的，且标准的形成要遵循严格的制定程序和编写规则，这些都决定了标准具有科学性的特点。

5. 时效性

标准以科学技术和实践经验为基础，随着科学技术的发展和时间的推移，新的技术和产品层出不穷，新的经验不断被总结出来，必然会对现行标准产生巨大影响。因此，标准需要适时进行修订或废止，以适应时代的发展。《标准化法》第二十九条规定，有关部门应当建立标准实施信息反馈和评估机制，根据反馈和评估情况对其制定的标准进行复审，对于不适应经济社会发展需要和技术进步的标准应当及时修订或者废止。

二、标准的作用

（一）保障产品和服务质量

标准为企业的生产与服务工作提供了依据。企业只有严格按照标准进行生产，才能保证产品质量，提高生产效率，提升企业在行业中的影响力；企业只有严格按照标准提供服务，才能保障服务安全，保证服务质量，提升客户满意度。

（二）促进科学技术进步

标准与科技创新有着一定的内在联系，标准的制定与实施可以促进科技的进步。首先，标准是科技进入市场的重要支撑与保障，也是科技成果转化为实际应用的重要工具，标准的推广过程就是科技成果的普及过程。其次，标准的推广与使用过程中会产生一些新的需求，这些需求会激发科技的再创新。最后，科技的再创新又可以总结为新的标准并推广应用。

（三）保障安全

人身健康和生命财产安全、国家安全、生态环境安全离不开制度的保障，而标准作为基础性制度，是国家保障各类安全的技术基础和基本准则。尤其是强制性标准的制定与实施，为各类与安全相关的行为、产品、服务等设置底线和门槛，为保障各类安全筑牢屏障。

（四）提高经济社会发展水平

标准是经济社会活动的技术依据，也是国际公认的国家质量基础设施之一，在推动供给质量提升、促进产业转型升级、引领创新驱动、促进经济社会高质量发展方面发挥着十分重要的支撑和引领作用。引导和鼓励全社会运用标准化方式组织生产、经营、管理和提供服务，能够切实提升经济效益、社会效益和生态效益，从而全面提高经济社会发展水平。

三、养老服务相关国家标准

（一）强制性国家标准

对于保障人身健康和生命财产安全、国家安全、生态环境安全，以及满足经济社会管理基本需要的技术要求，应当制定强制性国家标准，标准代号为GB。推荐性国家标准、行业标准、地方标准的技术要求均不得低于强制性国家标准的相关技术要求。

《养老机构服务安全基本规范》（GB 38600—2019）是养老服务领域的一项重要强制性国家标准。该标准主要从基本要求、安全风险评估、服务防护、管理要求四个方面，对养老机构的服务安全做出了规定。例如，在基本要求方面，该标准对培训养老护理员、建立昼夜巡查和交接班制度等基础性工作提出了要求；在安全风险评估方面，该标准指出老年人入住养老机构前应当进行服务安全风险评估，并明确了服务安全风险评估的内容、频次等；在服务防护方面，该标准明确了养老机构预防老年人噎食、压疮、坠床、烫伤等的相关要求；在管理要求方面，该标准规定了养老机构应当制订应急预案、突发事件报告程序，进行安全风险防范工作评价、安全教育等工作。

此外，养老机构在建设、运营时还要遵守其他有关的强制性国家标准，如《消防安全标志设置要求》（GB 15630—1995）、《安全标志及其使用导则》（GB 2894—2008）、《建筑消防设施的维护管理》（GB 25201—2010）等。

（二）推荐性国家标准

对于满足基础通用、与强制性国家标准配套、对各有关行业起引领作用等需要的技术要求，可以制定推荐性国家标准，标准代号为 GB/T。

民政部针对养老服务提出制定了一系列推荐性国家标准，主要涉及社区老年人日间照料、养老机构运营管理、老年人能力评估等，如表 1-4 所示。

表 1-4　民政部提出制定的养老服务相关现行推荐性国家标准

标准编号	标准名称	主要内容
GB/T 24433—2009	《老年人、残疾人康复服务信息规范》	规定了老年人、残疾人康复服务信息网站的网页主要内容、分类、通用格式和编制、发布信息的基本要求
GB/T 29353—2012	《养老机构基本规范》	规定了全日制养老机构的基本要求、人员要求、管理要求、环境与设施设备要求、服务内容与要求
GB/T 33168—2016	《社区老年人日间照料中心服务基本要求》	规定了社区老年人日间照料中心服务的总则、基本服务和适宜服务
GB/T 33169—2016	《社区老年人日间照料中心设施设备配置》	规定了社区老年人日间照料中心设施设备的配置原则、基本要求、基本配置和适宜配置
GB/T 35796—2017	《养老机构服务质量基本规范》	规定了养老机构服务的基本要求、服务项目与质量要求、管理要求、服务评价与改进要求
GB/T 37276—2018	《养老机构等级划分与评定》	规定了养老机构等级划分与标志、申请等级评定应满足的基本要求与条件、等级评定等方面的内容
GB/T 42195—2022	《老年人能力评估规范》	规定了老年人能力评估的指标与评分、组织实施和评估结果等方面的内容
GB/T 43153—2023	《居家养老上门服务基本规范》	规定了居家养老上门服务的总体要求、服务内容、服务流程与要求、服务评价与改进要求

人力资源社会保障部针对养老保险提出制定了一系列推荐性国家标准，主要涉及养老保险的基本术语、养老保险个人账户管理等，如表 1-5 所示。

表 1-5　人力资源社会保障部提出制定的养老保险相关现行推荐性国家标准

标准编号	标准名称	主要内容
GB/T 31596.2—2015	《社会保险术语　第 2 部分：养老保险》	明确了养老保险制度、缴费与记录、基本养老保险基金、基本养老保险待遇、基本养老金计发、分析指标等方面的常用术语和定义
GB/T 34278—2017	《职工基本养老保险个人账户管理规范》	规定了职工基本养老保险个人账户管理的基本要求、个人账户性质、个人账户管理主体和内容、个人账户标识等
GB/T 34282.1—2017	《社会保险关系转移接续　第 1 部分：企业职工基本养老保险》	规定了企业职工基本养老保险关系跨省（自治区、直辖市）转移接续的经办要求、临时缴费账户管理、业务流程、经办风险控制、材料归档等方面的内容

续表

标准编号	标准名称	主要内容
GB/T 35619—2017	《基本养老保险待遇稽核业务规范》	规定了基本养老保险待遇稽核业务的基本原则，稽核组织，稽核内容、类型与方式，稽核程序等方面的基本要求
GB/T 35620.1—2017	《养老保险精算数据指标体系规范 第1部分：企业职工基本养老保险》	规定了企业职工基本养老保险精算数据指标体系的数据指标分类和组成、公共基础数据指标体系和精算业务数据指标体系的相关内容
GB/T 37702—2019	《城乡居民基本养老保险待遇支付服务规范》	规定了城乡居民基本养老保险待遇支付服务的要求，包括待遇核定、待遇支付、资格核对、争议处理、档案管理、服务监督评价与改进
GB/T 37705—2019	《城乡居民基本养老保险个人账户管理规范》	规定了城乡居民基本养老保险个人账户管理的基本要求、个人账户管理内容、个人账户管理内部控制、个人账户基金管理等方面的内容
GB/T 37772.1—2019	《养老保险待遇审核服务规范 第1部分：企业职工基本养老保险》	规定了企业职工基本养老保险待遇审核服务的要求，包括待遇核定、办理时限、查询服务、档案管理、争议及其处理、服务监督、评价与改进等方面
GB/T 31597—2022	《城乡居民基本养老保险服务规范》	规定了城乡居民基本养老保险中参保登记、参保信息变更、保险费收缴衔接、个人账户权益、待遇支付等方面的基本要求
GB/T 34413—2022	《职工基本养老保险待遇支付服务规范》	规定了职工基本养老保险待遇支付中有关待遇核定，待遇支付，资格认证，档案管理，服务监督、评价与改进等方面的要求
GB/T 37772.2—2023	《养老保险待遇审核服务规范 第2部分：城乡居民基本养老保险》	规定了城乡居民基本养老保险待遇审核服务的要求，包括待遇审核、办理时限、查询服务、档案管理、争议及其处理、服务监督、评价与改进等方面的内容

许多其他机构也在各自的领域内针对养老服务提出制定了相应的推荐性国家标准，如《信息技术 用于老年人和残疾人的办公设备可访问性指南》（GB/T 32417—2015）、《老年旅游服务规范 景区》（GB/T 35560—2017）、《生态休闲养生（养老）基地建设和运营服务规范》（GB/T 36732—2018）、《老年保健服务规范》（GB/T 39510—2020）、《适用于老年人的家用电器 通用技术要求》（GB/T 40443—2021）、《用于老年人生活辅助的智能家电系统 通用安全要求》（GB/T 41529—2022）等。

此外，养老机构及其他为老年人提供服务的场所在建设、运营中还应遵守与建设、安全等方面相关的推荐性国家标准，如《城市公共交通设施无障碍设计指南》（GB/T 33660—2017）、《人员密集场所消防安全管理》（GB/T 40248—2021）、《室内空气质量标准》（GB/T 18883—2022）等。

四、养老服务相关行业标准

对于国家标准中未提出而又需要在全国某个行业范围内统一的技术要求，相关部门可以制定行业标准。行业标准的代号根据所属的行业而异，如 MZ（民政）、RB（认证认可）等。在我国，与养老服务相关的行业标准涉及民政、认证认可、卫生健康等领域。

（一）民政领域

民政部批准发布了一系列民政领域的行业标准，用于规范养老服务、养老机构安全管理等工作，如表 1-6 所示。

表 1-6 民政领域现行养老服务行业标准

归口单位	标准编号	标准名称
全国社会福利服务标准化技术委员会	MZ/T 131—2019	《养老服务常用图形符号及标志》
	MZ/T 132—2019	《养老机构预防压疮服务规范》
	MZ/T 133—2019	《养老机构顾客满意度测评》
	MZ/T 168—2021	《养老机构老年人健康档案管理规范》
	MZ/T 169—2021	《养老机构社会工作服务规范》
	MZ/T 170—2021	《养老机构服务标准体系建设指南》
	MZ/T 171—2021	《养老机构生活照料服务规范》
	MZ/T 184—2021	《养老机构老年人营养状况评价和监测服务规范》
	MZ/T 185—2021	《养老机构预防老年人跌倒基本规范》
	MZ/T 186—2021	《养老机构膳食服务基本规范》
	MZ/T 187—2021	《养老机构岗位设置及人员配备规范》
	MZ/T 188—2021	《养老机构接待服务基本规范》
	MZ/T 189—2021	《养老机构洗涤服务规范》
	MZ/T 190—2021	《养老机构服务礼仪规范》
全国残疾人康复和专用设备标准化技术委员会	MZ/T 174—2021	《养老机构康复辅助器具基本配置》
全国社会工作标准化技术委员会	MZ/T 064—2016	《老年社会工作服务指南》

（二）认证认可领域

在认证认可领域，《养老服务认证技术导则》（RB/T 303—2016）、《居家养老服务认证要求 通则》（RB/T 068—2021）、《居家养老服务认证要求 膳食服务》（RB/T 069—2021）等行业标准对养老服务相关认证工作进行了规范，对我国养老服务体系的构建具有重要意义。

（三）卫生健康领域

卫生健康领域的一些行业标准对老年人健康服务工作进行了规范，如《疾病管理基本数据集 第 4 部分：老年人健康管理》（WS 372.4—2012）、《老年人健康管理技术规范》（WS/T 484—2015）、《老年人营养不良风险评估》（WS/T 552—2017）、《老年人膳食指导》（WS/T 556—2017）、《中国健康老年人标准》（WS/T 802—2022）、《居家、社区老年医疗护理员服务标准》（WS/T 803—2022）等。

（四）其他领域

与养老服务相关的行业标准还有旅游领域的《旅行社老年旅游服务规范》（LB/T 052—2016）、金融领域的《面向老年人的证券期货业移动互联网应用程序设计规范》（JR/T 0246—2022）和《面向老年人的证券期货业移动互联网应用程序设计检测规范》（JR/T 0247—2022），以及商务部发布的《居家养老服务规范》（SB/T 10944—2012）等。

五、养老服务相关地方标准

为满足地方自然条件、风俗习惯等方面的特殊技术要求，相关地方部门可以制定地方标准，并报国务院标准化行政主管部门备案。地方标准的代号为 DB 加地方行政区划代码。我国已有多个地区结合当地条件与需求制定了与养老服务相关的地方标准。

上海市针对全市重点单位的安全管理出台了一系列地方标准，其中包括《重点单位重要部位安全技术防范系统要求 第 21 部分：养老机构》（DB31/T 329.21—2019）。该标准规定了上海市养老机构安全技术防范系统的设计、施工、评审、检验、验收和运行维护的要求。

候鸟式养老是一种新型养老方式，指随着季节的变化，选择不同的地方旅游养老。黑龙江省与广西壮族自治区的气候条件特殊，有利于发展候鸟式养老产业。于是，黑龙江省与广西壮族自治区分别出台了《候鸟式养老服务规范》（DB23/T 1785—2016）与《养老机构候鸟式养老服务规范》（DB45/T 1998—2019），为当地相关产业的发展提供了重要依据。

安徽省在 2022 年出台的《安徽省养老服务条例》中，明确提出推动智慧养老产业发展，并提出建立健全养老服务标准体系。在此背景下，当地有关部门制定了《智慧社区居家养老服务模式建设规范》（DB34/T 4030—2021）、《智慧健康养老协同服务平台 运营指南》（DB34/T 4177—2022）、《智慧健康养老 居家老年人信息采集规范》（DB34/T 4178—2022）、《智慧养老服务中心运营规范》（DB34/T 4187—2022）、《居家养老智慧化建设规范》（DB34/T 4188—2022）、《养老机构智慧监护系统建设指南》（DB34/T 4194—2022）等一系列标准，构建了更加完善的智慧养老服务标准体系。

2021 年，宁波市民政局和宁波市市场监督管理局联合制定了《宁波市标准化老年食堂建设指引》。为了进一步细化此文件中的具体规定，当地有关部门制定了《老年食堂建设和服务规范》（DB3302/T 1139—2023），明确了标准化老年食堂的建设和服务要求，推进了老年助餐服务工作。

情境回顾

《养老机构服务安全基本规范》（GB 38600—2019）中规定，老年人入住养老机构前，养老机构应结合老年人的日常生活活动、精神状态、感知觉与沟通状况、社会参与状况等进行服务安全风险评估，评估内容包括噎食、食品药品误食、压疮、烫伤、坠床、跌倒、他伤和自伤、走失、文娱活动意外等方面的风险。因此，在“情境导入”中，小刘所在的A养老院需要对转移安置的老年人进行服务安全风险评估。

《养老机构预防老年人跌倒基本规范》（MZ/T 185—2021）中明确了老年人跌倒风险评估的内容，包括平衡能力评估、疾病状况评估、用药情况评估等。按照该标准的要求，小刘与同事们对老年人进行了合理的跌倒风险评估。

课后练习

（1）查阅养老服务相关强制性国家标准，熟悉标准内容。

（2）查找你所在地区发布的养老服务相关地方标准，分析这些标准的特色，并与同学讨论、分享。

学习成果检测

1. 填空题

（1）狭义的政策是指国家或政党为了实现其政治、经济、文化、社会、科技、教育等方面的发展目标而制定的__________和__________。

（2）________是国家的根本法，是治国安邦的总章程，是党和人民意志的集中体现。

（3）__________是指国务院各部、委员会，中国人民银行、审计署和具有行政管理职能的直属机构，以及法律规定的其他机构，根据法律与国务院的行政法规、决定、命令，在本部门的权限范围内制定的规章。

（4）从法规的效力等级来看，________具有最高的效力，________的效力高于行政法规、部门规章、地方性法规、地方政府规章。

2. 单项选择题

（1）（　　）层面上的政策是针对某一领域的问题而制定的具体措施、行动计划、工作方案等，是最基础的政策，时效短，灵活性强。

A. 战略　　　　B. 规划

C. 制度　　　　D. 操作

（2）《老年人权益保障法》根据（　　）制定，其目的是保障老年人合法权益，发展老龄事业，弘扬中华民族敬老、养老、助老的美德。

A．宪法　　B．法律

C．行政法规　　D．部门规章

（3）以下法规中效力等级最高的是（　　）。

A．《无障碍环境建设条例》

B．《福建省养老服务条例》

C．《养老机构管理办法》

D．《重庆市养老机构管理办法》

（4）以下标准中属于行业标准的是（　　）。

A．《养老机构服务安全基本规范》（GB 38600—2019）

B．《老年人能力评估规范》（GB/T 42195—2022）

C．《养老机构老年人营养状况评价和监测服务规范》（MZ/T 184—2021）

D．《老年食堂建设和服务规范》（DB3302/T 1139—2023）

3．判断题

（1）不同领域间的政策是相互独立的。（　　）

（2）法规在执行过程中，需要随着外部环境的变化，依据实际情况做出相应的调整。（　　）

（3）部门规章之间、部门规章与地方政府规章之间具有同等效力，在各自的权限范围内施行。（　　）

（4）推荐性国家标准、行业标准、地方标准的技术要求均不得高于强制性国家标准的相关技术要求。（　　）

4．简答题

（1）《老年人权益保障法》从哪些方面对保护老年人的权益、保障老年人权益的义务主体进行了具体化？

（2）标准具有哪些作用？

（3）标准可以分为哪几类？如何识别不同类别的标准？

学习成果评价

请进行学习成果评价，并将评价结果填入表 1-7 中。

表 1-7　学习成果评价表

<table>
<tr><td>班级</td><td colspan="3"></td><td>日期</td><td colspan="2"></td></tr>
<tr><td>姓名</td><td></td><td>学号</td><td></td><td>指导教师</td><td colspan="2"></td></tr>
<tr><td>项目名称</td><td colspan="6">养老服务政策法规与标准概述</td></tr>
<tr><td>评价项目</td><td colspan="3">评价内容</td><td>分值</td><td>自我评分</td><td>教师评分</td></tr>
<tr><td rowspan="7">理论知识
（40%）</td><td colspan="3">政策的内涵与特点</td><td>4</td><td></td><td></td></tr>
<tr><td colspan="3">养老服务相关政策</td><td>7</td><td></td><td></td></tr>
<tr><td colspan="3">法规的内涵与特点</td><td>4</td><td></td><td></td></tr>
<tr><td colspan="3">养老服务相关法规</td><td>7</td><td></td><td></td></tr>
<tr><td colspan="3">法规的效力等级</td><td>7</td><td></td><td></td></tr>
<tr><td colspan="3">标准的内涵、特点与作用</td><td>4</td><td></td><td></td></tr>
<tr><td colspan="3">养老服务相关标准</td><td>7</td><td></td><td></td></tr>
<tr><td rowspan="2">实践技能
（40%）</td><td colspan="3">能够通过权威途径查阅政策、法规与标准</td><td>20</td><td></td><td></td></tr>
<tr><td colspan="3">能够分析案例中行为主体的行为是否符合相关政策、法规与标准的规定</td><td>20</td><td></td><td></td></tr>
<tr><td rowspan="4">综合素养
（20%）</td><td colspan="3">具备良好的学习态度</td><td>5</td><td></td><td></td></tr>
<tr><td colspan="3">积极、主动参加实践活动</td><td>5</td><td></td><td></td></tr>
<tr><td colspan="3">具备法律意识和明辨是非的能力</td><td>5</td><td></td><td></td></tr>
<tr><td colspan="3">具备规范意识和标准意识</td><td>5</td><td></td><td></td></tr>
<tr><td colspan="4">合计</td><td>100</td><td></td><td></td></tr>
<tr><td colspan="4">总分（自我评分×40%+教师评分×60%）</td><td colspan="3"></td></tr>
<tr><td>自我评价</td><td colspan="6"></td></tr>
<tr><td>教师评价</td><td colspan="6"></td></tr>
</table>

项目二
居家养老服务与老年人家庭赡养、扶养

项目引言

人口老龄化程度的加深，导致传统家庭养老模式已很难满足全部的养老需求，在此背景下，我国全面发展居家养老服务，建立和完善以居家为基础、社区为依托、机构为支撑的社会养老服务体系。同时，传统家庭养老模式仍然处于基础地位，老年人家庭赡养与扶养依旧发挥着不可替代的作用。养老服务从业人员应当熟悉居家养老服务的专业知识，并了解老年人家庭赡养与扶养的相关法律，在为老年人提供优质的居家养老服务的同时，能够针对服务过程中遇到的养老纠纷提供指导与帮助。

知识目标

- 理解居家养老服务的概念，熟悉居家养老服务的原则与内容。
- 了解提供居家养老服务的主体。
- 熟悉居家养老服务保障体系。
- 了解老年人的赡养、扶养义务人，以及家庭赡养与扶养的主要内容。
- 熟悉老年人在家庭赡养与扶养中的权利。

素质目标

- 通过学习居家养老服务方面的知识，熟悉老年人的需求，增强服务意识。
- 通过学习老年人家庭赡养、扶养方面的知识，了解自己的赡养义务，培养尊老敬老、孝老爱亲的品质。

任务一　熟悉居家养老服务

情境导入

上午 11 点，独居的王大爷来到了社区助餐点，工作人员小李热情地引导王大爷来到休息室，并告诉他还有 20 分钟开饭，让他先休息一会儿。

休息室里已经聚集了不少老年人，大家招呼王大爷坐下，然后纷纷议论起了这家新开的社区助餐点，“儿子工作忙，中午顾不上给我做饭，有了社区助餐点，吃饭方便多了”“菜品丰富，价格也实惠”“厨房都是透明的，一看就放心”……王大爷也乐呵呵地说：“是啊，下楼就能吃到热乎饭，要是不想出门，打个电话就有人送饭上门。”

中午吃完饭，大家围坐在餐桌旁聊天，小李和其他几名工作人员给大家端上了热气腾腾的茶。“王大爷，您预订的上门清洁服务，我已经给您安排好了，让小张下午 2 点过去给您打扫房间。”小李对王大爷说。“好，好，上次你们给我洗的衣服很干净，服务态度也很好。政府发展的这个居家养老服务，真是让我实实在在受益了。”回想起之前享受到的居家养老服务，王大爷又是连连称赞。

请思考：

（1）什么是居家养老服务？居家养老服务包括哪些内容？

（2）关于居家养老服务的政策、法规与标准有哪些？

一、居家养老服务概述

（一）居家养老与居家养老服务的概念

居家养老是指老年人居住在家中，接受社会提供的养老服务的一种养老模式。这一养老模式整合了社区养老、机构养老的优势，在发挥家庭养老的基础作用的同时，更加符合老年人的心理需求与我国人口老龄化的现状。

居家养老服务是指以家庭为基础，在政府主导下，以城乡社区为依托，以社会保障制度为支撑，由政府提供基本公共服务，企业、社会组织提供专业化服务，基层群众性自治组织和志愿者提供公益互助服务，满足居住在家老年人社会化服务需求的养老服务模式。居家养老服务是对传统家庭养老模式的补充与更新，是我国发展社区服务，建立养老服务体系的一项重要内容。

（二）居家养老服务的原则

居家养老服务应坚持以人为本、依托社区、因地制宜、社会化方向的原则。

1. 以人为本

提供居家养老服务，需要从老年人的实际需求出发，结合老年人的个人状况，为老年人提供人性化、多样化、个性化、有针对性的服务，使老年人获得实实在在的便利。

2. 依托社区

社区是老年人生活的场所，提供居家养老服务，除了要在社区层面建立居家养老服务机构、场所和服务队伍外，还要调动各方面的积极性，为老年人营造适宜的社区环境。

3. 因地制宜

我国各地区经济、文化、地理等条件各不相同，居家养老服务需要紧密结合当地实际，与当地的经济发展水平相适应，与社区的人文环境相适应，并且循序渐进，稳步发展。不能盲目模仿其他地区或急于求成，造成资源浪费。

4. 社会化方向

居家养老服务既需要有专业人员的组织，也需要有志愿者的参与，这样才能保障居家养老服务的长期、持续发展。因此，提供居家养老服务，需要坚持社会化方向，采取多种服务形式，充分利用各方力量。

（三）居家养老服务的内容

根据居家养老服务相关国家标准，以及各地出台的相关地方性法规、地方标准，居家养老服务的内容主要包括以下几个方面。

1. 生活照料服务

生活照料服务包括：① 助餐服务，如协助老年人订餐，为老年人送餐上门、上门烹饪等；② 助浴服务，如为老年人上门助浴，协助老年人前往助浴点进行身体清洁等；③ 助洁服务，如协助老年人洗漱、理发、剃须、剪指（趾）甲，为老年人进行居家清洁、衣物洗涤、物品整理等；④ 助行服务，如协助老年人行走，陪同老年人外出等；⑤ 助医服务，如陪同老年人就医等；⑥ 助急服务，如为老年人提供紧急呼叫受理、紧急转介等。

2. 基础照护服务

基础照护服务包括：① 生活照护服务，如协助老年人穿（脱）衣，为老年人提供饮食照护、睡眠照护等；② 排泄护理服务，如为老年人提供排尿护理、排便护理、排气护理等；③ 护理协助服务，如为老年人进行保暖和物理降温，协助老年人翻身等；④ 用药照护服务，如提醒、指导老年人用药，观察老年人用药后的不良反应等；⑤ 康复护理服务，如对老年人进行康复评估，制订老年人康复计划，指导老年人进行康复训练、使用辅助器具等。

3. 健康管理服务

健康管理服务包括：① 信息采集服务，如采集老年人体检信息、既往病史信息，建立老

年人健康档案等；② 健康监测服务（见图 2-1），如监测老年人的体温、体重、血压、呼吸、心率、血糖等；③ 健康咨询服务，如为老年人提供疾病预防、膳食营养、康复保健等方面的指导等；④ 健康干预服务，如制定老年人健康干预方案。为老年人的生活起居、慢病调理等提供干预等。

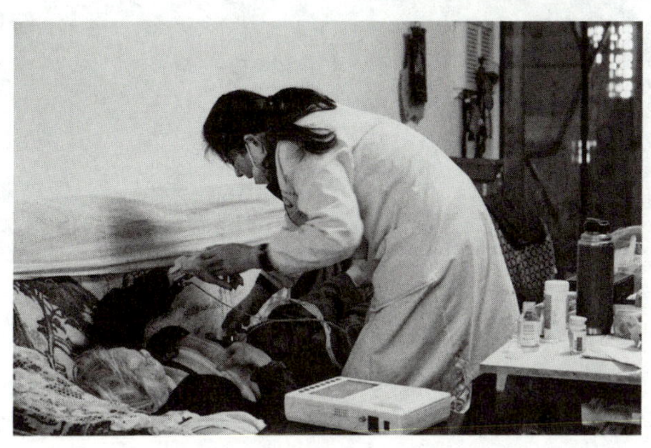

图 2-1　健康监测服务

4. 探访关爱服务

探访关爱服务包括：① 上门探访服务，如上门了解老年人的健康状况、精神状况、安全状况、卫生状况、居住环境、服务需求等；② 应急处置服务，如接受与协助老年人的电话呼叫、紧急求助等。

5. 精神慰藉服务

精神慰藉服务包括：① 陪伴支持服务，如定期协助有意愿的老年人外出活动等；② 情绪疏导服务，如与老年人交流，耐心倾听老年人的诉说等；③ 心理慰藉服务，如通过心理健康教育、心理干预手段调节老年人的心理状态等。

6. 委托代办服务

委托代办服务包括：① 代购服务，如为老年人代购日常生活用品、订车票、预约车辆等；② 代办服务，如为老年人取送信函、文件和物品，帮助老年人申请法律援助、救助服务等；③ 代缴服务，如为老年人代缴水费、电费、燃气费、通信费等。

7. 适老化改造服务

适老化改造服务包括：① 环境评估，如评估老年人家庭生活环境和改造需求，根据评估结果确定改造方案等；② 基础改造，如改造防滑、防摔、防走失等物理环境，配置相关设备与用品等；③ 专项改造，如根据不同老年人的需求和环境要求进行物理环境改造，配置、安装及指导老年人使用智能家居产品等。

8. 文化体育服务

文化体育服务包括：① 文化教育服务，如提供适宜老年人阅读的报刊书籍，开办老年课堂等；② 体育休闲服务，如协助老年人参加安全、有意义的体育休闲活动（见图 2-2）等。

图 2-2　体育休闲活动

9．慈善救助服务

慈善救助服务包括联合志愿者社团、学校等组织，为老年人提供慈善救助等。

二、提供居家养老服务的主体

提供居家养老服务的主体包括政府职能部门、社会组织、养老机构与养老服务从业人员等，各自起到了不同的作用。

（一）政府职能部门

政府职能部门在居家养老服务中起到了规划与保障作用。

在规划方面，国家相关部门通过充分调研，根据老年人的实际需求，制定宏观上的政策与法规，对居家养老服务的发展进行总体规划；各级地方政府部门需要紧密结合当地实际，科学地研究制定当地城乡社区居家养老服务发展规划，并把它纳入当地经济社会发展总体规划和社区建设总体规划中，统筹安排，推动居家养老服务快速健康发展。

在保障方面，各级地方政府部门需要统筹考虑居家养老服务设施建设、队伍建设和运营管理等问题，合理配置资源，为居家养老服务工作提供资金、物质、人力等方面的保障。有条件的地区可有针对性地设立专项资金，开设资助项目，探索适应当地特点的居家养老服务模式。

（二）社会组织

居家养老服务属于社会福利服务，在此类服务中，社会组织既可以吸收政府公共资源，又可以利用市场资源，还可以调动志愿者等社会力量，在政府规划与市场发展之间起到了重要的调控作用。《关于加强新时代老龄工作的意见》中提出，要广泛动员社会参与，注重发挥工会、共青团、妇联、残联等群团组织和老年人相关社会组织、机关、企事业单位的作用，

结合各自职能开展老龄工作，形成全社会共同参与的工作格局。

社区是提供居家养老服务的主要社会组织，多地制定了相关法规，强调了社区在居家养老服务中的作用。例如，《北京市“十四五”时期老龄事业发展规划》中提出，要打造以社区为平台、社会组织为载体、社会工作者为支撑的居家养老社区服务“三社联动”机制；《山西省社区居家养老服务条例》中提出，应当拓展社区党群服务中心、社区卫生服务中心和社区服务中心的养老服务空间，引导市场主体开展社区老年人用餐、医养结合等养老服务。

此外，社会组织也可以通过直接托管相关服务项目、组织志愿活动等方式参与居家养老服务工作。

同步案例

发展培育本土社会组织，探索居家养老工作新模式

在拉萨市城关区某社区，有一家特别的餐馆，它是一家免费面向社区内所有老年人的餐馆，老年人可以在这里就餐、喝茶、休闲娱乐，还有医生为他们做健康检查。这家餐馆是城关区居家养老活动中心和城关区居家养老配餐中心，由城关区某协会运营。该协会是在城关区民政局培育下成立的第一家本土社会组织，通过政府购买服务的形式，为老城区内的特困、低保、经济困难的老年人提供服务，主要服务内容为“五助”，即助医、助洁、助浴、助餐、助急。自 2020 年成立并开展服务以来，得到了受助老年人的一致好评。

“2021 年，我生病住院一个多月，协会每天都派人进行陪护，帮助我做饭、洗衣服，照顾得十分周到。我出院后，他们也经常来我家里洗衣服、打扫卫生。”一位社区居民说。

该协会中的服务人员大部分为社区群众，经过培训后上岗，熟悉的面孔使老年人更有亲切感与安全感。为了让老年人在家就能享受到便利的服务，通过前期充分的调研，协会工作人员将老年人的基本信息、健康信息与服务需求信息都做了细致的整理，形成了一本厚厚的档案册。每日，服务人员都会根据老年人的需求逐户服务到家。

协会工作人员介绍：“下一步，我们将从技术、人员方面，进一步加强助医服务工作，加强养老队伍建设，不断提高服务人员的专业能力和水平，让老年人感到暖心、贴心，让养老变成享老。”

资料来源：《拉萨日报》2022 年 5 月 25 日 02 版，作者范江英，有改动

（三）养老机构与养老服务从业人员

养老服务从业人员的服务要求

养老机构作为专业的养老服务组织，在居家养老服务工作中发挥着重要的作用。《关于加强新时代老龄工作的意见》中提出，地方政府负责探索并推动建立专业机构服务向社区、家庭延伸的模式；街道社区负责引进助餐、助洁等方面为老服务的专业机构，社区组织引进相关护理专业机构开展居家老年人照护工作。

养老服务从业人员是居家养老服务最直接的提供者。养老服务从业人员要遵守相应的政策、法规与标准，注重分享与合作，为其他服务机构或服务人员提供指导与帮助，并与其配合，共同为老年人提供高质量的居家养老服务。

三、居家养老服务保障体系

2008 年，全国老龄工作委员会办公室、国家发展改革委等 10 个部门联合发布《关于全面推进居家养老服务工作的意见》，正式将居家养老服务推上专业化、规范化的发展道路。经过十余年的发展，我国已经从法律、地方性法规、标准等方面建立了较为完善的居家养老服务保障体系。

（一）法律保障

2012 年，新修订的《老年人权益保障法》对家庭养老进行了重新定位，将“老年人养老主要依靠家庭”修改为“老年人养老以居家为基础”，确立了居家养老在社会养老体系中的核心地位，为居家养老服务的发展提供了法律保障。

（二）地方性法规保障

2015 年，北京市率先推出《北京市居家养老服务条例》，这是全国首部与居家养老相关的地方性法规。该法规明确规定，要满足居住在家的老年人的社会化服务需求，并制定服务规范和标准，加强养老服务市场监管。

随后，多地相继出台了地方性法规，为居家养老服务发展提供指导与保障，如《河北省居家养老服务条例》《山西省社区居家养老服务条例》《湖南省社区居家养老助餐服务若干规定》《宁波市居家养老服务条例》《温州市居家养老服务促进条例》等。

（三）标准保障

为了提升居家养老服务质量，多地制定了地方标准，对居家养老服务管理、服务内容、服务流程、服务评价等进行规范，如江苏省的《居家养老服务规范》（DB32/T 1644—2010），呼和浩特市的《居家养老服务管理规范》（DB1501/T 0005—2020）等。

北京市的居家养老服务标准化工作比较具有代表性。自 2018 年发布《居家养老服务规范 第 1 部分：通则》（DB11/T 1598.1—2018）以来，北京市已发布了十余个居家养老服务地方

标准，涵盖了助餐服务、助医服务、助洁服务、助浴服务、助急服务、康复服务、呼叫服务、精神慰藉服务、信息采集与档案管理、服务满意度测评、巡视探访服务等内容。

为了贯彻落实国家政策规划，规范居家养老服务供给，满足居家老年人服务需求，2019 年，按照民政部的建议，北京市民政局和北京市老龄产业协会将当时已发布的 7 个北京市居家养老服务规范进行了初步整合，形成了《居家养老上门服务规范》国家标准申报草案。完成标准立项、项目调研、初稿撰写与修改后，2023 年 1 月，民政部公布了推荐性国家标准《居家养老上门服务基本规范（征求意见稿）》。2023 年 9 月，《居家养老上门服务基本规范》（GB/T 43153—2023）正式发布实施，这是全国首个居家养老服务国家标准，对居家养老服务的发展起到全局指导作用。

《居家养老上门服务基本规范》（GB/T 43153—2023）将居家养老上门服务定义为“为居家老年人提供的与身体机能维护、心理健康支持、日常生活协助、环境改善相关的服务活动”。该标准确立了居家养老上门服务的服务组织要求、服务人员要求与服务要求，界定了居家养老上门服务的服务内容，规范了居家养老上门服务的服务流程，并提出了服务评价与改进要求，适用于为居家老年人提供上门服务的组织。

情境回顾

居家养老服务是一种以家庭为基础的养老服务模式，主要为老年人提供生活照料服务、基础照护服务、健康管理服务、探访关爱服务、精神慰藉服务、委托代办服务、适老化改造服务、文化体育服务、慈善救助服务等。在“情境导入”中出现的社区助餐服务、上门清洁服务等，都属于居家养老服务的重要内容。

我国自 2008 年发布《关于全面推进居家养老服务工作的意见》以来，已从法律、地方性法规、标准等方面建立了较为完善的居家养老服务保障体系。2012 年，《老年人权益保障法》的修订在法律层面上确立了居家养老在社会养老体系中的核心地位。2023 年，《居家养老上门服务基本规范》（GB/T 43153—2023）的发布与实施对居家养老服务的发展起到了全局指导作用。多个地区也推出了相关地方性法规、地方标准等，以推动居家养老服务的规范化发展。

课后练习

（1）查阅你所在地区发布的居家养老服务相关地方性法规，熟悉相关法规条款。

（2）查阅《居家养老上门服务基本规范》（GB/T 43153—2023），以及有代表性的相关地方标准，总结居家养老服务的重点内容与注意事项。

任务二　了解老年人家庭赡养与扶养

情境导入

某天中午，小李在社区助餐点巡视的时候，发现钱奶奶愁眉苦脸地坐在桌前，桌上的饭菜都没怎么吃。小李知道钱奶奶的老伴刚去世不久，于是上前安慰，没想到钱奶奶向他倾诉了另一件烦心事。

原来，钱奶奶中年丧偶且没有子女，在二十多年前与同样丧偶的老张相识并结婚，两人一路互相扶持，度过了二十多年的时光。去年，老张立下一份遗嘱，说明他名下的一处房产，即钱奶奶现在的住所，由老张的儿子继承，但钱奶奶享有居住权。老张和钱奶奶还去了当地的不动产登记中心进行了居住权登记。但上个月老张去世，老张的儿子在继承了房产后要求钱奶奶限期搬离。对此，钱奶奶感到很苦恼，害怕自己无家可归。

请思考：

（1）老张的儿子是否有权要求钱奶奶搬离？

（2）老年人在家庭赡养与扶养中享有哪些权利？

一、老年人的赡养、扶养义务人

根据《宪法》及《民法典》《老年人权益保障法》等法律的规定，老年人的赡养、扶养义务人有子女，配偶，弟、妹，以及其他依法负有赡养、扶养义务的亲属。

（一）子女

一般情况下，成年子女是父母法定的第一顺序赡养义务人，这里的子女包括婚生子女、非婚生子女、养子女和有扶养关系的继子女。

《民法典》第二十六条第二款规定：“成年子女对父母负有赡养、扶助和保护的义务。”第一千零六十七条第二款规定：“成年子女不履行赡养义务的，缺乏劳动能力或者生活困难的父母，有要求成年子女给付赡养费的权利。”

非婚生子女与婚生子女具有相同的法律地位，也承担着相同的赡养义务。《民法典》第一千零七十一条第一款规定：“非婚生子女享有与婚生子女同等的权利，任何组织或者个人不得加以危害和歧视。”

对于继父母与继子女间的权利义务关系，《民法典》第一千零七十二条第二款做出了如下规定：“继父或者继母和受其抚养教育的继子女间的权利义务关系，适用本法关于父母子女关系的规定。”因此，受继父母抚养教育的继子女对继父母负有赡养义务。其中，继父母与继子

女之间是否形成抚养教育关系，可以通过继父母再婚时继子女是否已经成年、继子女是否实际接受过继父母生活上的照顾抚育、双方共同生活时间的长短、家庭关系的融洽程度等综合判断。

对于养父母与养子女间的权利义务关系，《民法典》第一千一百一十一条做出了如下规定："自收养关系成立之日起，养父母与养子女间的权利义务关系，适用本法关于父母子女关系的规定；养子女与养父母的近亲属间的权利义务关系，适用本法关于子女与父母的近亲属关系的规定。养子女与生父母以及其他近亲属间的权利义务关系，因收养关系的成立而消除。"因此，依法收养的养子女对养父母负有赡养义务，已依法送养他人的子女对生父母不再负有赡养义务。

同步案例

赡养继母引纠纷

2021 年，徐州市泉山区人民法院公布了一起赡养纠纷案例。在该案例中，刘某某与前妻共生育子女五人，即老大、老二、老三、老四、老五。刘某某丧偶后与邹某某相识，两人于 1995 年登记结婚。

邹某某主张自己与刘某某自从 1987 年开始共同生活，对老四、老五尽到了母亲的责任，现自己年岁已高、身患疾病、生活困难，要求老四、老五尽赡养义务。老四、老五则声称，父亲刘某某和继母邹某某于 1995 年登记结婚时，他们两人均已成年，邹某某从未照顾过他们，他们现在也无力赡养邹某某。

法院审理后认为，老四在刘某某和邹某某开始共同生活时已满 16 周岁，当时老四就读于职业学校，就读实习期间已经能自给自足，因此邹某某对老四抚育期较短，两人之间未形成事实上的抚养关系。而老五当时年仅 12 岁，邹某某与老五形成了事实上的抚养关系，老五应对邹某某尽赡养义务。

资料来源：徐州市泉山区人民法院网站，有改动

（二）配偶

老年人的配偶是老年人的主要扶养义务人。《民法典》第一千零五十九条规定："夫妻有相互扶养的义务。需要扶养的一方，在另一方不履行扶养义务时，有要求其给付扶养费的权利。"《老年人权益保障法》第二十三条第一款规定："老年人与配偶有相互扶养的义务。"

（三）弟、妹

《民法典》第一千零七十五条规定："有负担能力的兄、姐，对于父母已经死亡或者父母无力抚养的未成年弟、妹，有扶养的义务。由兄、姐扶养长大的有负担能力的弟、妹，对于缺乏劳动能力又缺乏生活来源的兄、姐，有扶养的义务。"《老年人权益保障法》第二十三条

第二款规定："由兄、姐扶养的弟、妹成年后，有负担能力的，对年老无赡养人的兄、姐有扶养的义务。"因此，在特定情况下，老年人的弟、妹会成为老年人的扶养义务人。

（四）其他亲属

《民法典》第一千零七十四条第二款规定："有负担能力的孙子女、外孙子女，对于子女已经死亡或者子女无力赡养的祖父母、外祖父母，有赡养的义务。"因此，在特定情况下，老年人的孙子女与外孙子女会成为老年人的赡养义务人。

《老年人权益保障法》第十四条第三款规定："赡养人的配偶应当协助赡养人履行赡养义务。"因此，虽然赡养人的配偶不是赡养义务人，但对赡养人有协助赡养的义务。若赡养人与其配偶解除了婚姻关系，或者赡养人死亡，则其配偶的协助赡养义务自动解除。

二、家庭赡养与扶养的主要内容

根据《老年人权益保障法》第十四条第一款的规定，家庭赡养与扶养的主要内容为经济供养、生活照料与精神慰藉。

（一）经济供养

对老年人进行经济供养是家庭赡养与扶养的最基本要求。对于无经济收入或经济收入低微的老年人，赡养人或扶养人应当支付必要的生活费，保证老年人的基本生活所需。在实践中，通常将赡养、扶养义务人所在家庭的平均生活水平作为支付生活费额度的主要依据。例如，《陕西省实施〈中华人民共和国老年人权益保障法〉办法》第十三条规定："赡养人应当履行对老年人的经济供养义务，保证老年人的正常生活需求，提供必要的医疗费用。老年人的基本生活水平不得低于赡养人家庭的生活水平。对无经济收入或者低收入单独居住的老年人，赡养人应当按月或者按约定时间给付赡养费。"

赡养费的给付内容

对于老年人可以产生经济收益的财产，在老年人缺乏管理能力的情况下，赡养人或扶养人应当代为管理，产生的经济收益归老年人所有。例如，《老年人权益保障法》第十七条规定："赡养人有义务耕种或者委托他人耕种老年人承包的田地，照管或者委托他人照管老年人的林木和牲畜等，收益归老年人所有。"《广西壮族自治区实施〈中华人民共和国老年人权益保障法〉办法》第十一条第四款规定："赡养人应当将代领或者代为管理的属于老年人的各种收入、政府补贴以及其他财产性收益全额交付老年人，或者在老年人授权下代为支付生活、医疗等费用。"

（二）生活照料

《老年人权益保障法》第十五条第二款规定："对生活不能自理的老年人，赡养人应当承担照料责任；不能亲自照料的，可以按照老年人的意愿委托他人或者养老机构等照料。"因此，

赡养人、扶养人应当亲自或委托他人对老年人的饮食、穿着、清洁卫生、出行（见图 2-3）等进行照料，确保老年人的衣、食、住、行、医等正常生活需要得到满足。

图 2-3　照料老年人出行

（三）精神慰藉

精神慰藉是家庭赡养与扶养的重要内容。《老年人权益保障法》第十八条规定："家庭成员应当关心老年人的精神需求，不得忽视、冷落老年人。与老年人分开居住的家庭成员，应当经常看望或者问候老年人。用人单位应当按照国家有关规定保障赡养人探亲休假的权利。"

社区、养老机构等应当对老年人的精神状况予以关照，并对赡养人、扶养人进行监督。例如，《湖北省实施〈中华人民共和国老年人权益保障法〉办法》第十条第三款规定："受委托的照料人或者养老服务机构应当与赡养人、扶养人及其所在单位、村（居）民委员会加强联系沟通，及时告知相关情况；对赡养人、扶养人较长时间未探望的，协调相关组织、单位督促其探望。"

同步案例

赡养义务要履行，精神慰藉莫缺席

王大爷年逾古稀，老伴已去世，两人生有一子一女，子女均已成家立业。儿子常年在外打工，女儿远嫁外地，都不来探望，生活起居只能靠王大爷自己。如今王大爷身患多种疾病，无奈之下，他将子女诉至法院。

法官考虑到直接判决并不是解决家庭纠纷的最好方法，于是尝试通过调解化解矛盾。鉴于王大爷年事已高，身患疾病，出行不便，法官决定组织双方到王大爷家中进行调解。

调解中，法官从情、理、法多角度对被告进行说服教育。“羊有跪乳之恩，鸦有反哺之义。父母千辛万苦养育你们，你们如今日子越过越好了，不能忘记父母的恩情……”法官的话语渐渐感化了两名被告，他们当场表示今后一定会照顾好父亲。最终王大爷与其子女达成协议，由儿子照顾父亲的生活起居，女儿每月给付赡养费，并定期回家探望，让父亲在经济上、生活上和精神上都能得到满足，安享晚年。

资料来源：

《西部法制报》2023年2月14日07版，作者胡子龙、冯磊、惠亚洲，有改动

三、老年人在家庭赡养与扶养中的权利

老年人在家庭赡养与扶养中的权利包括住房权、婚姻自由权、财产所有权、遗产继承权等。

（一）住房权

《老年人权益保障法》第十六条从三个方面对老年人的住房权进行了保障。首先，赡养人应当妥善安排老年人的住房，不得强迫老年人居住或者迁居条件低劣的房屋；其次，对于老年人自有的或者承租的住房，子女或者其他亲属不得侵占，不得擅自改变产权关系或者租赁关系；最后，对于老年人自有的住房，赡养人有维修的义务。

此外，《民法典》中还提出了居住权的概念。《民法典》第三百六十六条规定：“居住权人有权按照合同约定，对他人的住宅享有占有、使用的用益物权，以满足生活居住的需要。”居住权与房屋产权分离，居住权设立后，居住权人在权利生效期间，享有占有和使用房屋的权利，即使房屋产权发生转移，居住权也不受影响。因此，老年人可以将自己名下的房屋出售，获取经济收益，但同时保留居住权，或依法获取他人名下房屋的居住权。

设立居住权，应当采用书面形式订立居住权合同，并向登记机构申请居住权登记，未经登记无法取得居住权。居住权不得转让、继承，居住权期限届满或者居住权人死亡后，居住权消灭，房屋产权所有人实现对房屋的全部权益。

（二）婚姻自由权

《民法典》第一千零六十九条规定：“子女应当尊重父母的婚姻权利，不得干涉父母离婚、再婚以及婚后的生活。子女对父母的赡养义务，不因父母的婚姻关系变化而终止。”《老年人权益保障法》第二十一条规定：“老年人的婚姻自由受法律保护。子女或者其他亲属不得干涉老年人离婚、再婚及婚后的生活。赡养人的赡养义务不因老年人的婚姻关系变化而消除。”这些规定从法律层面上确保了老年人的婚姻自由权，老年人可以按照自己的意愿处理婚姻问题，且赡养人不能以老年人的婚姻变动为由拒绝履行赡养义务。

（三）财产所有权

老年人的财产所有权受到法律保护。《老年人权益保障法》第二十二条第一款规定："老年人对个人的财产，依法享有占有、使用、收益和处分的权利，子女或者其他亲属不得干涉，不得以窃取、骗取、强行索取等方式侵犯老年人的财产权益。"

（四）遗产继承权

《老年人权益保障法》第二十二条第二款规定："老年人有依法继承父母、配偶、子女或者其他亲属遗产的权利，有接受赠与的权利。子女或者其他亲属不得侵占、抢夺、转移、隐匿或者损毁应当由老年人继承或者接受赠与的财产。"因此，老年人拥有按照法律规定继承遗产的权利。

此外，法律为老年人对配偶遗产的继承权做出了特别规定。《民法典》第一千一百四十一条规定："遗嘱应当为缺乏劳动能力又没有生活来源的继承人保留必要的遗产份额。"《老年人权益保障法》第二十二条第三款规定："老年人以遗嘱处分财产，应当依法为老年配偶保留必要的份额。"因此，老年人对配偶遗产的继承权一般不可被剥夺。

财产继承需依法，遗嘱订立要合规

2008 年 5 月，74 岁的李某与 62 岁的保姆蒋某再婚，当时双方签订了一份协议，表明蒋某在李某去世后不继承李某的婚前房产等内容。2016 年 12 月，李某去世后，给女儿留下一套婚前房产。蒋某要求分得李某的遗产，遭到李某女儿拒绝，双方由此产生纠纷，蒋某向法院提起诉讼。

法院经审理认为，蒋某与李某再婚时签订涉及遗产处理的协议违反了《老年人权益保障法》相关规定，属于无效遗嘱，本案应按照法定继承处理，蒋某对李某的遗产享有法定继承权。法院最终判决李某女儿与蒋某分别继承李某一半的房产。

资料来源：《检察日报》2018 年 7 月 28 日 03 版，作者江丰，有改动

情境回顾

在"情境导入"中，老张通过遗嘱确立了钱奶奶对其房产的居住权，且进行了居住权登记，根据《民法典》第十四章相关规定，钱奶奶对此房产享有居住权。因此，虽然老张的儿子继承了房产，但无权要求钱奶奶搬离。

老年人在家庭赡养与扶养中，除了享有住房权外，还依法享有婚姻自由权、财产所有权、遗产继承权等权利。宪法与《民法典》《老年人权益保障法》等法律为老年人在家庭赡养与扶养中的权利提供了法律保障，在需要的时候，老年人可以运用法律的武器保障自己的合法权益。

课后练习

搜集政府部门发布的家庭赡养与扶养争议典型案件，对照《民法典》《老年人权益保障法》等法律分析这些案件，熟悉相关法律条款。

学习成果检测

1. 填空题

（1）在居家养老服务中，__________既可以吸收政府公共资源，又可以利用市场资源，还可以调动志愿者等社会力量，在政府规划与市场发展之间起到了重要的调控作用。

（2）2012 年，新修订的《老年人权益保障法》对家庭养老进行了重新定位，将“老年人养老主要依靠家庭”修改为“老年人养老以_______为基础”。

（3）《老年人权益保障法》第二十三条第一款规定：“老年人与_________有相互扶养的义务。”

（4）根据《老年人权益保障法》中的规定，家庭赡养与扶养的主要内容为__________、__________与__________。

2. 单项选择题

（1）（　　）更加符合老年人的心理需求与我国人口老龄化的现状。

A. 家庭养老　　B. 居家养老
C. 社区养老　　D. 机构养老

（2）（　　）在居家养老服务中起到了规划与保障作用。

A. 政府职能部门
B. 社会组织
C. 养老机构
D. 养老服务从业人员

（3）（　　）对父母没有赡养义务。

A. 非婚生子女　　B. 继子女
C. 养子女　　D. 已送养子女

（4）按照（　　）中的规定，居住权人有权按照合同约定，对他人的住宅享有占有、使用的用益物权，以满足生活居住的需要。

A.《老年人权益保障法》　　B.《民法典》
C.《刑法》　　D.《劳动法》

3. 判断题

（1）社会组织可以通过直接托管相关服务项目、组织志愿活动等方式参与居家养老服务工作。（　　）

（2）老年人子女的配偶对老年人负有赡养义务。（　　）

（3）子女对父母的赡养义务不因父母的婚姻关系变化而终止。（　　）

（4）老年人可以通过订立遗嘱的方式拒绝配偶继承自己的遗产。（　　）

4. 简答题

（1）居家养老服务中的生活照料服务包括哪些内容？

（2）在什么情况下，老年人的弟弟或妹妹会成为老年人的扶养义务人？

（3）赡养、扶养义务人对老年人的经济供养主要包括哪些内容？

学习成果评价

请进行学习成果评价，并将评价结果填入表 2-1 中。

表 2-1　学习成果评价表

班级				日期	
姓名		学号		指导教师	
项目名称	居家养老与老年人家庭赡养、扶养				
评价项目	评价内容	分值	自我评分	教师评分	
理论知识（40%）	居家养老服务的概念、原则与内容	6			
	提供居家养老服务的主体	6			
	居家养老服务保障体系	6			
	老年人的赡养、扶养义务人	8			
	家庭赡养与扶养的主要内容	6			
	老年人在家庭赡养与扶养中的权利	8			
实践技能（40%）	能够按照规范为老年人提供居家养老服务	20			
	能够为老年人的家庭赡养、扶养纠纷提供法律建议	20			

续表

评价项目	评价内容	分值	自我评分	教师评分
综合素养（20%）	具备良好的学习态度	5		
	积极、主动参加实践活动	5		
	具有尊老敬老、孝老爱亲的品质与服务意识	5		
	具有法律意识，自觉维护法律权威	5		
合计		100		
总分（自我评分×40%+教师评分×60%）				
自我评价				
教师评价				

项目三 老年人社会保障、服务与优待

项目引言

老年人是社会中的弱势群体，需要得到特别关注与照顾。为了提高老年人的生活质量，维护老年人的社会尊严，使老年人能够老有所养、老有所医、老有所学、老有所为、老有所乐，我国出台了一系列和老年人社会保障、服务与优待有关的政策、法规与标准。养老服务从业人员应当深入了解这些政策、法规与标准，在有需要的时候为老年人提供指导与帮助，并从自身做起，关爱、照顾老年人，共同创造温馨、幸福、和谐的养老环境。

知识目标

- 熟悉养老保险与老年人医疗保险的相关知识。
- 了解老年人社会救助、社会福利及其他老年人社会保障的相关知识。
- 掌握老年社会工作服务的内容与方法。
- 了解养老服务设施、老年健康服务与老龄产业发展的相关知识。
- 熟悉老年人社会优待的相关知识。

素质目标

- 通过学习老年人社会保障、服务与优待方面的知识，培育人文关怀精神，在生活中关爱弱势群体，弘扬尊老爱幼的中华民族优秀传统美德。

任务一 熟悉老年人社会保障

情境导入

年近七旬的老刘是一名农民，他患有慢性肺病，由于家庭经济能力有限，一直没有接受规范治疗。某年冬天，老刘患了重感冒，出现了反复咳嗽、呼吸困难的症状，甚至一度出现了心衰。家人将老刘送至医院，由于病情比较严重，医院安排了手术并在术后将老刘转入重症监护室。老刘的病情让家人焦急万分，一天天累加的医药费也成了家里沉重的负担。

出院当天，老刘和家人得知此次住院治疗费用共计 31.2 万元。老刘的老伴暗自垂泪，不知道怎么办才好。在结算时，医院的工作人员告知老刘的老伴，基本医保可以报销 10 万元，剩下的在政策范围内的费用中，超出 1.2 万元起付线的部分还可以用大病医保按 80%的比例再报销 13.5 万元，总共可以报销 23.5 万元。听到这个好消息，老刘的老伴终于放下心来。

请思考：

（1）老刘享受了哪些老年人社会保障？

（2）你还知道哪些老年人社会保障？

一、养老保险

养老保险是国家和社会根据一定的法规，为解决劳动者在达到国家规定的解除劳动义务的劳动年龄界限，或因年老丧失劳动能力退出劳动岗位后的基本生活而建立的一种社会保险。我国正在构建以基本养老保险为基础、以企业年金和职业年金为补充、与个人储蓄性养老保险和商业养老保险相衔接的“三支柱”养老保险体系。

（一）基本养老保险

基本养老保险是“三支柱”养老保险体系中的第一支柱。《老年人权益保障法》第二十八条规定：“国家通过基本养老保险制度，保障老年人的基本生活。”我国已基本建立了包括城镇职工基本养老保险与城乡居民基本养老保险在内的基本养老保险制度。

1. 城镇职工基本养老保险

1997 年 7 月，国务院发布《关于建立统一的企业职工基本养老保险制度的决定》，提出建立适用城镇各类企业职工和个体劳动者、社会统筹与个人账户相结合的养老保险体系。

2005 年 12 月，国务院发布《关于完善企业职工基本养老保险制度的决定》，提出将基本

养老保险覆盖范围扩大到城镇各类企业职工、个体工商户和灵活就业人员，并改革基本养老金计发方法。

2011 年 7 月，《中华人民共和国社会保险法》（以下简称《社会保险法》）开始施行，为城镇职工基本养老保险制度提供了法律保障。《社会保险法》第十条第一款规定："职工应当参加基本养老保险，由用人单位和职工共同缴纳基本养老保险费。"

2015 年 1 月，国务院发布《关于机关事业单位工作人员养老保险制度改革的决定》，决定对机关事业单位工作人员养老保险制度进行改革，实行社会统筹与个人账户相结合的基本养老保险制度。该决定适用于按照公务员法管理的单位、参照公务员法管理的机关（单位）、事业单位及其编制内的工作人员。自此，机关事业单位和企业实行相同的基本养老保险制度，城镇职工基本养老保险制度基本确立。

城镇职工基本养老保险属于强制性保险，用人单位和职工都必须缴纳基本养老保险费。《社会保险法》中规定，用人单位应当按照国家规定的本单位职工工资总额的比例缴纳基本养老保险费，记入基本养老保险统筹基金；职工应当按照国家规定的本人工资的比例缴纳基本养老保险费，记入个人账户。2022 年 1 月起，我国实施养老保险全国统筹，各地区陆续发布文件，确立城镇职工基本养老保险的个人缴费比例为 8%，单位缴费比例为 16%。

无雇工的个体工商户、未在用人单位参加基本养老保险的非全日制从业人员，以及其他灵活就业人员参加城镇职工基本养老保险的，应当按照国家规定缴纳基本养老保险费，分别记入基本养老保险统筹基金和个人账户。

参加城镇职工基本养老保险的个人，达到法定退休年龄时累计缴费满 15 年的，按月领取基本养老金；达到法定退休年龄时累计缴费不足 15 年的，可以缴费至满 15 年后按月领取基本养老金，也可以转入城乡居民基本养老保险，按照国务院规定享受相应的养老保险待遇。

城镇职工基本养老保险基金出现支付不足时，政府给予补贴。国有企业、事业单位职工参加基本养老保险前，视同缴费年限期间应当缴纳的基本养老保险费由政府承担。

视同缴费年限是指职工或个体参保人员按规定应实际缴纳基本养老保险费之前，符合国家有关政策规定的连续工龄或连续工作年限。

2. 城乡居民基本养老保险

2009 年 9 月，国务院发布《关于开展新型农村社会养老保险试点的指导意见》，提出探索建立个人缴费、集体补助、政府补贴相结合的新农保制度，规定年满 16 周岁（不含在校学生）、未参加城镇职工基本养老保险的农村居民，可以在户籍地自愿参加新农保。2011 年 6 月，国务院发布《关于开展城镇居民社会养老保险试点的指导意见》，提出建立个人缴费、政府补贴相结合的城居保制度，规定年满 16 周岁（不含在校学生）、不符合城镇职工基本养老保险参保条件的城镇非从业居民，可以在户籍地自愿参加城居保。

2014 年 2 月，国务院发布《关于建立统一的城乡居民基本养老保险制度的意见》，提出将新农保与城居保合并，在全国范围内建立统一的城乡居民基本养老保险制度，规定年满 16 周岁（不含在校学生），非国家机关和事业单位工作人员及不属于城镇职工基本养老保险制度覆盖范围的城乡居民，可以在户籍地自愿参加城乡居民基本养老保险。

城乡居民基本养老保险基金由个人缴费、集体补助、政府补贴构成。个人缴费标准设为每年 100 元、200 元、300 元、400 元、500 元、600 元、700 元、800 元、900 元、1 000 元、1 500 元、2 000 元 12 个档次，地方政府可以根据实际情况增设缴费档次，最高缴费档次标准原则上不超过当地灵活就业人员参加城镇职工基本养老保险的年缴费额。参保人自主选择档次缴费，多缴多得。

有条件的村集体经济组织应当对参保人缴费给予补助，补助标准由村民委员会召开村民会议民主确定，补助金额不超过当地设定的最高缴费档次标准。政府对符合领取城乡居民基本养老保险待遇条件的参保人全额支付基础养老金。地方政府应当对参保人缴费给予补贴，具体标准和办法由地方政府确定；对重度残疾人等缴费困难群体，地方政府为其代缴部分或全部最低标准的养老保险费。

参加城乡居民基本养老保险的个人，年满 60 周岁、累计缴费满 15 年，且未领取国家规定的基本养老保障待遇的，可以按月领取城乡居民基本养老保险待遇。新农保或城居保制度实施时已年满 60 周岁，在城乡居民养老保险制度建立前未领取国家规定的基本养老保障待遇的，不用缴费，自 2014 年 2 月起，可以按月领取城乡居民基本养老保险基础养老金；距规定领取年龄不足 15 年的，应逐年缴费，也允许补缴，累计缴费不超过 15 年；距规定领取年龄超过 15 年的，应按年缴费，累计缴费不少于 15 年。

城乡养老保险制度衔接

2014 年 2 月，人力资源社会保障部、财政部联合发布《城乡养老保险制度衔接暂行办法》，以解决城乡养老保险制度衔接问题，维护参保人员的合法权益。

该文件规定，参加城镇职工基本养老保险和城乡居民基本养老保险的人员，达到城镇职工基本养老保险法定退休年龄后，城镇职工基本养老保险缴费年限满 15 年（含延长缴费至 15 年）的，可以申请从城乡居民基本养老保险转入城镇职工基本养老保险，按照城镇职工基本养老保险办法计发相应待遇；城镇职工基本养老保险缴费年限不足 15 年的，可以申请从城镇职工基本养老保险转入城乡居民基本养老保险，待达到城乡居民基本养老保险规定的领取条件时，按照城乡居民基本养老保险办法计发相应待遇。

（二）企业年金和职业年金

企业年金和职业年金是“三支柱”养老保险体系中的第二支柱。自 20 世纪 90 年代开始

推动建设多层次养老保险体系以来，我国已初步建立了企业年金与职业年金制度，并正在逐步发展完善。

1．企业年金

企业年金是指企业及其职工在依法参加基本养老保险的基础上，自主建立的补充养老保险。1991 年 6 月，国务院发布《关于企业职工养老保险制度改革的决定》，明确提出国家提倡、鼓励企业实行补充养老保险，并在政策上给予指导，这标志着我国企业年金制度建设正式启动。1995 年 1 月施行的《劳动法》中规定，“国家鼓励用人单位根据本单位实际情况为劳动者建立补充保险”，这一规定为企业年金制度的发展奠定了法律基础。

2000 年 12 月，国务院发布《关于完善城镇社会保障体系的试点方案》，正式将企业补充养老保险更名为企业年金，并提出“有条件的企业可为职工建立企业年金，并实行市场化运营和管理”。经过一系列的试点与试行工作，2018 年 2 月，人力资源社会保障部、财政部联合发布的《企业年金办法》施行，企业年金制度正式确立。

企业年金所需费用由企业和职工个人共同缴纳。企业年金基金实行完全积累，企业为每个参加企业年金的职工建立个人账户。企业缴费每年不超过本企业职工工资总额的 8%，企业和职工个人缴费合计不超过本企业职工工资总额的 12%，具体所需费用由职工一方和企业协商确定。

职工在达到国家规定的退休年龄或者完全丧失劳动能力时，可以从本人企业年金个人账户中按月、分次或者一次性领取企业年金，也可以用本人企业年金个人账户资金中的全部或者部分购买商业养老保险产品，依据保险合同领取待遇并享受相应的继承权。出国（境）定居人员的企业年金个人账户资金，可以根据本人要求一次性支付给本人。职工或者退休人员死亡后，其企业年金个人账户余额可以继承。

2．职业年金

职业年金是指机关事业单位及其工作人员在参加机关事业单位基本养老保险的基础上，建立的补充养老保险。为建立多层次养老保险体系，保障机关事业单位工作人员退休后的生活水平，促进人力资源合理流动，2015 年 4 月，国务院办公厅发布《机关事业单位职业年金办法》，确立了职业年金制度。职业年金制度适用的单位和工作人员范围与参加机关事业单位基本养老保险的范围一致。

职业年金所需费用由单位和工作人员个人共同承担。单位缴纳职业年金费用的比例为本单位工资总额的 8%，个人缴费比例为本人缴费工资的 4%。单位和个人缴费基数与机关事业单位工作人员基本养老保险缴费基数一致。根据经济社会发展状况，国家适时调整单位和个人职业年金缴费的比例。

工作人员在达到国家规定的退休条件并依法办理退休手续后，由本人选择按月领取职业年金待遇的方式。可一次性用于购买商业养老保险产品，依据保险契约领取待遇并享受相应的继承权；可选择按照本人退休时对应的计发月数计发职业年金月待遇标准，发完为止，同时对职业年金个人账户余额享有继承权。本人选择任一领取方式后不再更改。出国（境）定居人员的职业年金个人账户资金，可根据本人要求一次性支付给本人。工作人员在职期间死亡的，其职业年金个人账户余额可以继承。

课堂活动

企业年金与职业年金有哪些不同？企业年金、职业年金与城镇职工基本养老保险有哪些不同？请同学们思考并讨论。

扫一扫

企业年金与职业年金的区别

（三）个人储蓄性养老保险和商业养老保险

个人储蓄性养老保险和商业养老保险是“三支柱”养老保险体系中的第三支柱。我国的个人储蓄性养老保险和商业养老保险制度尚处在起步阶段，《关于加强新时代老龄工作的意见》中明确提出，要促进和规范发展第三支柱养老保险。

个人养老金是政府政策支持、个人自愿参加、市场化运营的补充养老保险，属于第三支柱养老保险中有国家制度安排的部分。2022 年 4 月，国务院办公厅发布《关于推动个人养老金发展的意见》，标志着个人养老金制度的建立。2022 年 11 月，人力资源社会保障部、财政部等部门联合发布《个人养老金实施办法》，意味着个人养老金制度进入实质性推动落地阶段。随后，相关配套政策陆续出台，个人养老金先行城市（地区）名单、首批开办个人养老金业务的商业银行和理财公司名单，以及首批个人养老金投资基金产品和销售机构名录相继发布，个人养老金制度稳步推进。

2021 年 5 月开始，中国银保监会办公厅相继发布《关于开展专属商业养老保险试点的通知》《关于开展养老理财产品试点的通知》《关于开展特定养老储蓄试点工作的通知》《关于开展养老保险公司商业养老金业务试点的通知》等，启动了专属商业养老保险、养老理财产品、特定养老储蓄、商业养老金等一系列个人储蓄性养老保险和商业养老保险的试点工作，极大地丰富了我国第三支柱养老保险的服务与产品形态，满足了人民群众的多样化养老需求。

二、老年人医疗保险

医疗保险是为补偿被保险人因意外伤害或疾病而产生的医疗费用的人身保险。对于老年人来说，参加医疗保险可以减轻医疗花费导致的经济负担，提高医疗服务的质量。我国已建立了包括基本医疗保险、补充医疗保险、商业健康保险在内的多层次、宽领域、全民覆盖的医疗保障体系。

（一）基本医疗保险

基本医疗保险是指按照国家规定缴纳一定比例的医疗保险费后，参保人因受到意外伤害或患病时，由医疗保险基金支付其一定医疗费用的社会保险。《老年人权益保障法》第二十九条规定，国家通过基本医疗保险制度保障老年人的基本医疗需要；有关部门制定医疗保险办法

时，应当对老年人给予照顾。我国的基本医疗保险包括城镇职工基本医疗保险和城乡居民基本医疗保险。

1. 城镇职工基本医疗保险

1998年12月，国务院发布《关于建立城镇职工基本医疗保险制度的决定》，标志着我国城镇职工基本医疗保险制度的正式确立。该文件规定，基本医疗保险原则上以地级以上行政区为统筹单位，也可以县（市）为统筹单位，所有用人单位及其职工都要按照属地管理原则参加所在统筹地区的基本医疗保险，执行统一政策，实行基本医疗保险基金的统一筹集、使用和管理。

城镇职工基本医疗保险属于强制性保险，用人单位和职工都必须缴纳基本医疗保险费。《社会保险法》第二十三条第一款规定："职工应当参加职工基本医疗保险，由用人单位和职工按照国家规定共同缴纳基本医疗保险费。"《关于建立城镇职工基本医疗保险制度的决定》中提出，城镇所有用人单位，包括企业（国有企业、集体企业、外商投资企业、私营企业等）、机关、事业单位、社会团体、民办非企业单位及其职工，都要参加基本医疗保险；用人单位缴费率应控制在职工工资总额的6%左右，职工缴费率一般为本人工资收入的2%，随着经济发展，用人单位和职工缴费率可作相应调整。

无雇工的个体工商户、未在用人单位参加城镇职工基本医疗保险的非全日制从业人员，以及其他灵活就业人员可以参加城镇职工基本医疗保险，由个人按照国家规定缴纳基本医疗保险费。

参加城镇职工基本医疗保险的个人，达到法定退休年龄时累计缴费达到国家规定年限的，退休后不再缴纳基本医疗保险费，按照国家规定享受基本医疗保险待遇；未达到国家规定年限的，可以缴费至国家规定年限。符合基本医疗保险药品目录、诊疗项目、医疗服务设施标准，以及急诊、抢救的医疗费用，按照国家规定从基本医疗保险基金中支付。

小提示

下列医疗费用不纳入基本医疗保险基金支付范围：① 应当从工伤保险基金中支付的；② 应当由第三人负担的；③ 应当由公共卫生负担的；④ 在境外就医的。

2. 城乡居民基本医疗保险

2003年1月，财政部等部门联合发布《关于建立新型农村合作医疗制度的意见》，提出建立新型农村合作医疗（以下简称"新农合"）制度，即由政府组织、引导、支持，农民自愿参加，个人、集体和政府多方筹资，以大病统筹为主的农民医疗互助共济制度。2007年7月，国务院发布《关于开展城镇居民基本医疗保险试点的指导意见》，提出建立以家庭缴费为主、政府给予适当补助的城镇居民基本医疗保险（以下简称"城镇居民医保"），规定不属于城镇职工基本医疗保险制度覆盖范围的中小学阶段的学生（包括职业高中、中专、技校学生）、少年儿童和其他非从业城镇居民都可自愿参加城镇居民医保。

2016 年 1 月，国务院发布《关于整合城乡居民基本医疗保险制度的意见》，在总结新农合和城镇居民医保运行情况和地方探索实践经验的基础上，整合新农合和城镇居民医保两项制度，建立统一的城乡居民基本医疗保险制度，该制度覆盖除城镇职工基本医疗保险应参保人员以外的其他所有城乡居民。

城乡居民基本医疗保险实行以个人缴费与政府补助相结合为主的筹资方式，鼓励集体、单位或其他社会经济组织给予扶持或资助。各地要统筹考虑城乡居民基本医疗保险与城乡居民大病保险保障需求，按照基金收支平衡的原则，合理确定城乡统一的筹资标准。城乡居民基本医疗保险基金主要用于支付参保人员发生的住院和门诊医药费用。

（二）补充医疗保险

1. 城乡居民大病保险

城乡居民大病保险是在基本医疗保障的基础上，对城乡居民大病患者发生的高额医疗费用给予进一步保障的一项制度性安排，是基本医疗保障制度的拓展和延伸，在一定程度上解决了因病致贫、因病返贫的问题。

2015 年 8 月，国务院办公厅发布《关于全面实施城乡居民大病保险的意见》。该文件确定，城乡居民大病保险的保障对象为城乡居民基本医疗保险的参保人，保障范围与城乡居民基本医疗保险相衔接。参保人患大病发生高额医疗费用时，由城乡居民大病保险对经城乡居民基本医疗保险按规定支付后个人负担的合规医疗费用给予保障。高额医疗费用可以个人年度累计负担的合规医疗费用超过当地统计部门公布的上一年度城镇居民、农村居民年人均可支配收入为主要测算依据。

2. 企业补充医疗保险

企业补充医疗保险是指企业在参加基本医疗保险的基础上，自愿建立的满足职工和退休人员较高医疗需求的医疗保险补充形式。2002 年 5 月，财政部、劳动和社会保障部（现人力资源社会保障部）联合发布《关于企业补充医疗保险有关问题的通知》，提出按规定参加各项社会保险并按时足额缴纳社会保险费的企业，可在按规定参加当地基本医疗保险的基础上，建立补充医疗保险，用于对城镇职工基本医疗保险制度支付以外由职工个人负担的医药费用进行的适当补助，减轻参保职工的医药费负担。

企业补充医疗保险办法与当地基本医疗保险制度相衔接。企业补充医疗保险资金由企业或行业集中使用和管理，单独建账，单独管理，用于本企业个人负担较重职工和退休人员的医药费补助，不得划入基本医疗保险个人账户，也不得另行建立个人账户或变相用于职工其他方面的开支。

（三）商业健康保险

商业健康保险是由商业保险机构对参保人由健康原因和医疗行为导致的损失给付保险金的保险，主要包括医疗保险、疾病保险、失能收入损失保险、护理保险，以及相关的医疗意外保险、医疗责任保险等。商业健康保险可以与基本医疗保险衔接互补，满足人民群众多样

化的健康保障需求。

2014 年 11 月，国务院办公厅发布《关于加快发展商业健康保险的若干意见》，在扩大商业健康保险供给、推动完善医疗保障服务体系、提升管理和服务水平、完善发展商业健康保险的支持政策等方面为商业健康保险的发展提供了指导。之后，商业健康保险个人所得税优惠政策公布，保险公司参与长期护理保险制度试点服务规范等相关措施陆续推出，我国商业健康保险快速发展，产品种类日渐丰富，服务范围不断拓展，在满足人民群众多层次、多样化的健康保障需求方面发挥了积极作用。

三、老年人社会救助

《老年人权益保障法》第三十一条第一款规定："国家对经济困难的老年人给予基本生活、医疗、居住或者其他救助。"我国已建立最低生活保障制度、特困人员救助供养制度、城乡医疗救助制度等一系列社会救助制度，为有困难的老年人提供救助。

（一）最低生活保障制度

最低生活保障制度是指对家庭人均月收入低于最低生活保障标准的城乡居民实行差额救济的社会救济制度，包括城市居民最低生活保障制度与农村最低生活保障制度。

1．城市居民最低生活保障制度

为了规范城市居民最低生活保障制度，保障城市居民基本生活，国务院发布《城市居民最低生活保障条例》，该条例从 1999 年 10 月 1 日起施行。

该条例第二条规定："持有非农业户口的城市居民，凡共同生活的家庭成员人均收入低于当地城市居民最低生活保障标准的，均有从当地人民政府获得基本生活物质帮助的权利。前款所称收入，是指共同生活的家庭成员的全部货币收入和实物收入，包括法定赡养人、扶养人或者抚养人应当给付的赡养费、扶养费或者抚养费，不包括优抚对象按照国家规定享受的抚恤金、补助金。"

城市居民最低生活保障制度坚持国家保障与社会帮扶相结合、鼓励劳动自救的方针。城市居民最低生活保障标准按照当地维持城市居民基本生活所必需的衣、食、住费用，并适当考虑水电燃煤（燃气）费用及未成年人的义务教育费用确定。无劳动能力，无生活来源，无法定赡养人、扶养人或抚养人的城市居民，可以按照当地城市居民最低生活保障标准全额享受城市居民最低生活保障待遇；尚有一定收入的城市居民，可以按照家庭人均收入低于当地城市居民最低生活保障标准的差额享受城市居民最低生活保障待遇。

2．农村最低生活保障制度

2007 年 7 月，国务院发布《关于在全国建立农村最低生活保障制度的通知》，决定在全国建立农村最低生活保障制度，将符合条件的农村贫困人口全部纳入保障范围，稳定、持久、有效地解决全国农村贫困人口的温饱问题。

农村最低生活保障对象是家庭年人均纯收入低于当地最低生活保障标准的农村居民，主要是因病残、年老体弱、丧失劳动能力，以及生存条件恶劣等造成生活常年困难的农村居民。农村最低生活保障标准由县级以上地方人民政府按照能够维持当地农村居民全年基本生活所必需的吃饭、穿衣、用水、用电等费用确定，并报上一级地方人民政府备案后公布执行。农村最低生活保障标准要随着当地生活必需品价格变化和人民生活水平提高适时进行调整。

农村最低生活保障金原则上按照申请人家庭年人均纯收入与保障标准的差额发放，也可以在核查申请人家庭收入的基础上，按照其家庭的困难程度和类别，分档发放。

小提示

2021 年 6 月，民政部发布《最低生活保障审核确认办法》，该文件所有规定不再区分城乡，将城市居民最低生活保障与农村最低生活保障统一规范为“最低生活保障”。民政部相关负责人表示，下一步将指导地方逐步减少低保工作的城乡差异，推动低保制度城乡统筹发展。

（二）特困人员救助供养制度

2016 年 2 月，国务院发布《关于进一步健全特困人员救助供养制度的意见》，将原有的农村五保供养制度和特困人员供养制度统一为特困人员救助供养制度，将无劳动能力，无生活来源，无法定赡养、扶养、抚养义务人或者其法定义务人无履行义务能力的城乡老年人、残疾人，以及未满 16 周岁的未成年人纳入特困人员救助供养范围。

特困人员救助供养的内容主要包括提供基本生活条件、对生活不能自理的给予照料、提供疾病治疗、办理丧葬事宜等。此外，还有对符合规定标准的住房困难的分散供养特困人员，通过配租公共租赁住房、发放住房租赁补贴、进行农村危房改造等方式给予住房救助；对在义务教育阶段就学的特困人员，给予教育救助；对在高中教育（含中等职业教育）、普通高等教育阶段就学的特困人员，根据实际情况给予适当教育救助。

特困人员救助供养标准包括基本生活标准和照料护理标准，由省、自治区、直辖市或者设区的市级人民政府综合考虑地区、城乡差异等因素确定、公布，并根据当地经济社会发展水平和物价变化情况适时调整。基本生活标准应当满足特困人员基本生活所需；照料护理标准应当根据特困人员生活自理能力和服务需求分类制定，体现差异性。

特困人员救助供养形式分为在家分散供养和在当地的供养服务机构集中供养。具备生活自理能力的，鼓励其在家分散供养；完全或者部分丧失生活自理能力的，优先为其提供集中供养服务。

为进一步规范特困人员认定工作，确保特困人员救助供养制度公开、公平、公正实施，2016 年 10 月，民政部发布《特困人员认定办法》，对特困人员的认定条件、认定程序、生活自理能力评估标准等做出明确规定。2021 年 4 月，在开展实地调研、广泛听取基层意见建议的基础上，民政部对《特困人员认定办法》进行了修订，适度拓展了“无劳动能力”的残疾种类和等级，完善了“无生活来源”的认定条件，适度放宽了“法定义务人无履行义务能力”

的认定条件和特困人员救助供养制度覆盖的未成年人范围。

（三）城乡医疗救助制度

2003 年 11 月，民政部、财政部等部门联合发布《关于实施农村医疗救助的意见》，提出建立和实施农村医疗救助制度，即政府拨款和社会各界自愿捐助等多渠道筹资，对患大病农村五保户和贫困农民家庭实行医疗救助的制度。2005 年 3 月，国务院办公厅转发《关于建立城市医疗救助制度试点工作的意见》，该文件提出逐步建立适合我国国情的城市医疗救助制度，切实帮助城市贫困群众解决就医方面的困难和问题。

2009 年 6 月，民政部、人力资源社会保障部等部门联合发布《关于进一步完善城乡医疗救助制度的意见》，提出探索建立城乡一体化的医疗救助制度。2015 年 4 月，国务院办公厅转发《关于进一步完善医疗救助制度全面开展重特大疾病医疗救助工作意见》，该文件要求将城市医疗救助制度和农村医疗救助制度整合为城乡医疗救助制度，在政策目标、资金筹集、对象范围、救助标准、救助程序等方面加快推进城乡统筹，确保城乡困难群众获取医疗救助的权利公平、机会公平、规则公平、待遇公平。

城乡医疗救助制度的救助对象为最低生活保障家庭成员、特困供养人员与县级以上人民政府规定的其他特殊困难人员。救助方式包括：对救助对象参加城乡居民基本医疗保险的个人缴费部分给予补贴；对救助对象经基本医疗保险、城乡居民大病保险和其他补充医疗保险支付后，个人及其家庭难以承担的符合规定的基本医疗自付费用给予补助。救助标准由县级以上人民政府按照经济社会发展水平和医疗救助资金情况等确定、公布。

四、老年人社会福利

《老年人权益保障法》第三十三条第一款规定：“国家建立和完善老年人福利制度，根据经济社会发展水平和老年人的实际需要，增加老年人的社会福利。”我国为老年人设置的社会福利有高龄津贴、养老服务补贴与老年人护理补贴等。

（一）高龄津贴

高龄津贴是针对高龄老年人实施的一项社会保障，旨在解决高龄老年人的基本生活问题，提高高龄老年人的生活质量。《老年人权益保障法》第三十三条第二款规定：“国家鼓励地方建立八十周岁以上低收入老年人高龄津贴制度。”

2009 年 5 月，宁夏回族自治区发布《关于建立 80 岁以上低收入老年人基本生活津贴制度的通知》，率先在全国建立高龄津贴制度。同年 6 月，民政部办公厅发布《关于转发宁夏建立高龄老人津贴制度有关政策的通知》，指出“高龄老人津贴制度的建立，是对传统补缺型社会福利制度的重大变革和创新”，并要求全国各省（区、市）民政部门学习借鉴宁夏的经验做法，结合当地实际，尽快探索建立高龄老人津贴制度。2021 年 4 月，国家发展改革委、中央宣传部等部门联合发布《国家基本公共服务标准（2021 年版）》，要求各地区为 80 岁以上老年人发放高龄津贴。

2023 年 8 月，《国家基本公共服务标准（2023 年版）》发布，对部分服务项目的标准进行了优化与调整。

根据相关政策，全国各地相继建立了高龄津贴制度。由于各地实际情况不同，高龄津贴制度的具体实施办法也各不相同。以北京市、上海市、青海省、深圳市、武汉市为例，这五个地区高龄津贴的覆盖范围、发放标准等均有所差别，如表 3-1 所示。

表 3-1　不同地区高龄津贴制度实施办法

地区	名称	覆盖范围	发放标准
北京市	高龄老年人津贴	具有北京市户籍，年满 80 周岁的老年人	80～89 周岁，每人每月 100 元 90～99 周岁，每人每月 500 元 100 周岁及以上，每人每月 800 元
上海市	老年综合津贴	具有上海市户籍，年满 65 周岁的老年人	65～69 周岁，每人每月 75 元 70～79 周岁，每人每月 150 元 80～89 周岁，每人每月 180 元 90～99 周岁，每人每月 350 元 100 周岁及以上，每人每月 600 元
青海省	高龄补贴	具有青海省户籍，年满 70 周岁的老年人	70～79 周岁，每人每月 110 元 80～89 周岁，每人每月 120 元 90～99 周岁，每人每月 140 元 100 周岁及以上，每人每月 180 元
深圳市	高龄老人津贴	具有深圳市户籍，年满 70 周岁的老年人	70～79 周岁，每人每月 200 元 80～89 周岁，每人每月 300 元 90～99 周岁，每人每月 500 元 100 周岁及以上，每人每月 1 000 元
武汉市	高龄津贴	具有武汉市户籍，年满 80 周岁的老年人，以及符合年龄条件的驻武汉军队离退休人员	80～89 周岁，每人每月 100 元 90～99 周岁，每人每月 200 元 100 周岁及以上，每人每月 500 元

（二）养老服务补贴与老年人护理补贴

《老年人权益保障法》第三十七条第二款规定：“对经济困难的老年人，地方各级人民政府应当逐步给予养老服务补贴。”第三十条第二款规定：“对生活长期不能自理、经济困难的老年人，地方各级人民政府应当根据其失能程度等情况给予护理补贴。”

2013 年 9 月，国务院发布《关于加快发展养老服务业的若干意见》，要求各地加快建立养老服务评估机制，建立健全经济困难的高龄、失能等老年人补贴制度。2014 年 9 月，财政部、民政部等部门联合发布《关于建立健全经济困难的高龄 失能等老年人补贴制度的通知》，要求在全国范围内建成覆盖广泛、内涵丰富、衔接紧密的经济困难的高龄、失能等老年人补

贴制度。

在法律保障与相关政策支持下，多个地区根据当地经济社会发展水平和民生需求，建立了养老服务补贴制度与老年人护理补贴制度。例如，2022 年 7 月，江苏省民政厅、财政厅等部门联合发布《江苏省基本养老服务指导性目录清单（2022 年版）》，要求对低保对象和分散供养的特困对象中 80 周岁及以上的老年人、低保家庭和低保标准 2 倍以内低收入家庭中 60 周岁及以上的失独老人，按不低于每人每月 60 元的标准发放养老服务补贴；对低保对象中经老年人能力综合评估认定为失能的 60 周岁及以上老年人，按不低于每人每月 100 元的标准发放养老护理补贴。

五、其他老年人社会保障

（一）老年人住房保障

《老年人权益保障法》第三十二条规定："地方各级人民政府在实施廉租住房、公共租赁住房等住房保障制度或者进行危旧房屋改造时，应当优先照顾符合条件的老年人。"

廉租住房制度是针对住房困难的最低收入家庭实施的一种社会救助制度，是中国住房保障体系的重要组成部分。廉租住房制度通过租赁补贴、实物配租和租金减免三种方式提高保障对象的住房支付能力，其中实物配租的廉租住房租金实行政府定价，租金标准与城镇最低收入家庭的经济承受能力相适应。2007 年 11 月，国家发展改革委等部门发布《廉租住房保障办法》，其中第十九条第三款规定："实物配租应当优先面向已经登记为廉租住房保障对象的孤、老、病、残等特殊困难家庭，城市居民最低生活保障家庭以及其他急需救助的家庭。"

公共租赁住房是指限定建设标准和租金水平，面向符合规定条件的城镇中等偏下收入住房困难家庭、新就业无房职工和城镇稳定就业的外来务工人员出租的保障性住房。2012 年 5 月，住房和城乡建设部发布《公共租赁住房管理办法》，其中第十五条第一款规定，复审通过的公共租赁住房轮候对象中，享受国家定期抚恤补助的优抚对象、孤老病残人员等，可以优先安排公共租赁住房。

（二）计划生育家庭老年人扶助

我国实施计划生育政策以来，广大群众积极响应国家号召，自觉实行计划生育，为控制人口过快增长、促进经济社会发展做出了贡献。一些家庭由于独生子女伤残或死亡，在生活保障、养老照料、大病医疗、精神慰藉等方面遇到困难，需要得到扶助。《老年人权益保障法》第三十三条第三款规定："国家建立和完善计划生育家庭老年人扶助制度。"

2008 年起，我国实施计划生育家庭特别扶助制度，独生子女伤残或死亡后未再生育或合法收养子女的夫妻，自女方年满 49 周岁后，夫妻双方可以分别领取特别扶助金。2013 年 12 月，国家卫生和计划生育委员会（现国家卫生健康委）、民政部等部门联合发布《关于进一步做好计划生育特殊困难家庭扶助工作的通知》，提高了特别扶助金的标准，并在做好养老保障工作、提高医疗保障水平、开展社会关怀活动等方面进一步完善了计划生育特殊困难家庭扶助制度。

（三）老年人遗赠扶养协议

遗赠扶养协议是指遗赠人与扶养人签订的由扶养人承担遗赠人的生养死葬的义务，扶养人在遗赠人死亡后取得约定遗产的协议。《民法典》第一千一百五十八条规定：“自然人可以与继承人以外的组织或者个人签订遗赠扶养协议。按照协议，该组织或者个人承担该自然人生养死葬的义务，享有受遗赠的权利。”《老年人权益保障法》第三十六条规定：“老年人可以与集体经济组织、基层群众性自治组织、养老机构等组织或者个人签订遗赠扶养协议或者其他扶助协议。负有扶养义务的组织或者个人按照遗赠扶养协议，承担该老年人生养死葬的义务，享有受遗赠的权利。”

遗赠扶养协议是一种平等、有偿、互负相应权利义务的协议，遗赠人与扶养人签订遗赠扶养协议后，该协议对双方具有同等约束力，但双方履行义务的时间不一致。在签署协议后，遗赠人即可要求扶养人履行扶养义务，但在遗赠人死亡之前，扶养人不得要求遗赠人履行转移财产的义务。若遗赠人无正当理由导致协议不能履行，扶养人有权解除遗赠扶养协议，遗赠人应当偿还扶养人已经支付的供养费用。

遗赠扶养协议一般采取书面形式，双方应当在协议中明确双方的权利义务，确认遗赠财产的名称、数量、范围，以及提供扶养的具体内容、办法和期限等。遗赠扶养协议的继承效力较为优先，如果在财产继承中有多种继承方式并存，应首先执行遗赠扶养协议，其次执行遗嘱和遗赠，最后执行法定继承。

老年人的子女等赡养义务人的赡养义务不因遗赠扶养协议的签订而解除。

居委会敬老爱老获遗赠

王某与妻子共生育四个子女，1961 年王某离婚，随后返回老家工作生活，四个子女从未探望、赡养过王某。2003 年，在王某弟弟妹妹的见证下，王某与居委会签订了一份遗赠扶养协议，载明王某一直独身，虽有子女，但由于他们工作忙、距离远，照顾不便，由居委会负责照顾王某的日常生活至其寿终，王某的财产在其寿终后由居委会处置。

协议签订后，居委会一直安排专人负责照顾王某起居、就医等，直到王某 94 岁去世，居委会为其操办了丧事。王某的四个子女在得知王某去世的消息后，从外地赶来要求继承遗产，与居委会发生争执。居委会无奈诉至法院，要求确认遗赠扶养协议有效，王某的财产归居委会所有。

法院经审理认为，王某与居委会签订的遗赠扶养协议表达了双方的真实意图，不违反法律、行政法规的强制性规定，合法有效。居委会在近二十年的时间里对独居的王某予以照顾，妥善安排其住处并设专人看护，为王某垫付医疗费，支付养老院费用和丧葬费，尽

到了扶养人的义务。王某的四个子女未尽过任何赡养义务，其主张无事实和法律依据。法院遂判决王某的财产归居委会所有。

资料来源：江苏法院网，有改动

情境回顾

在“情境导入”中，老刘享受到了基本医疗保险中的城乡居民基本医疗保险与补充医疗保险中的城乡居民大病保险的保险待遇。参保人若产生高额医疗费用，先由城乡居民基本医疗保险按照最高额度报销，剩余费用中，在政策范围内且超出城乡居民大病保险起付线的部分，可以由城乡居民大病保险按照一定比例报销或分段报销，具体报销方式、额度与比例由各地政策决定。老刘所在地区的政策为：城乡居民基本医疗保险最高支付额度为 10 万元，城乡居民大病保险起付线为 1.2 万元，在政策范围内超出起付线的部分报销比例为 80%，不设封顶线，不设分段报销。根据该政策，老刘 31.2 万元的医疗费可以报销 23.5 万元。

我国的老年人社会保障有以基本养老保险为基础、以企业年金和职业年金为补充、与个人储蓄性养老保险和商业养老保险相衔接的“三支柱”养老保险体系，包括基本医疗保险、补充医疗保险、商业健康保险在内的多层次、宽领域、全民覆盖的医疗保障体系，最低生活保障制度、特困人员救助供养制度、城乡医疗救助制度等一系列社会救助制度，高龄津贴、养老服务补贴与老年人护理补贴等老年人社会福利，以及老年人住房保障、计划生育家庭老年人扶助、老年人遗赠扶养协议等其他老年人社会保障。

课后练习

（1）查找你所在地区发布的相关地方政策，了解基本养老保险与基本医疗保险的实施细则。

（2）与老年亲属交流，了解其享受过的老年人社会保障政策。

任务二　熟悉老年人社会服务

情境导入

老刘出院后，身体仍然很虚弱，医生嘱咐他不能干重活，再加上仅有的一个儿子远在外地打工，于是，家里的大小事务基本靠老刘的老伴操持。然而，老伴腿脚也不太好，干起活来十分费劲。看着老伴每天辛苦地忙来忙去，老刘感到很内疚，心情总是十分低落。

一天，某社会工作服务中心的几名社会工作者在村委会的引领下来到老刘家。他们给老刘一家送了米、面、油等慰问品，帮助打扫了家里的卫生，还和两位老人进行了深入交流，了解其需求。

接下来，这些社会工作者时不时地就来老刘家探望，并提供了一系列老年社会工作服务。他们有时帮忙打理菜园，有时给老刘送药，有时带领两位老人参加村里组织的老年活动，有时就是单纯地陪两位老人聊天，每逢节日还会送来小礼物。在他们的帮助下，两位老人的物质生活和精神生活都得到了极大改善，老刘的身体也一天天恢复。

请思考：

（1）什么是老年社会工作服务？老年社会工作服务的内容有哪些？

（2）你还知道哪些老年人社会服务？

一、老年社会工作服务

（一）什么是老年社会工作服务

社会工作是一种社会组织与社会工作者综合运用专业知识和方法，帮助有需要的个人和群体，解决其困难，促进其与社会环境相适应的职业活动。

老年社会工作服务是指以老年人及其家庭为对象，旨在维持和改善老年人的社会功能、提高老年人生活和生命质量的社会工作服务。老年社会工作服务在宏观层面可以促进老有所养、老有所医、老有所学、老有所为、老有所乐；在微观层面可以协助老年人解决因为年老而带来的各种问题，使其积极与社会保持联系，维持良好的日常生活功能。

为了充分发挥社会工作者在养老服务业中的专业作用，总结推广各地老年社会工作实务经验，科学规范、正确引导老年社会工作服务行为，切实保障老年社会工作服务质量，民政部于 2016 年 1 月发布《老年社会工作服务指南》（MZ/T 064—2016），在服务内容、服务方法、服务流程、服务管理、人员要求、服务保障等方面为老年社会工作服务提供指导。

此外，民政部还发布了《社会工作督导指南》（MZ/T 166—2021）、《养老机构社会工作服务规范》（MZ/T 169—2021）等标准，对老年社会工作服务进行监督与规范。

（二）老年社会工作服务的内容

老年社会工作服务的内容主要包括救助服务、照顾安排服务、适老化环境改造服务、家庭辅导服务、精神慰藉服务、危机干预服务、社会支持网络建设服务、社区参与服务、老年教育服务、咨询服务、权益保障服务、政策倡导服务、临终关怀服务等。

1. 救助服务

救助服务主要包括以下内容：

（1）评估老年人特别是空巢、高龄、失能、计划生育特殊家庭老年人的基本物质生活条件和经济状况。

（2）协助符合条件的老年人申请政府最低生活保障、特困人员供养、受灾人员救助、医疗救助、住房救助、临时救助等社会救助。

（3）协助有需要的老年人获得单位和个人等社会力量的捐赠、帮扶和志愿服务。

（4）为老年人提供相应的心理疏导、能力提升、社会融入等服务。

2. 照顾安排服务

照顾安排服务主要包括以下内容：

（1）组织开展老年人能力评估（评估内容包括日常生活活动、精神状态、感知与沟通状况、社会参与状况等方面），为老年人建立照顾档案。

（2）协助有需要的老年人获得居家照顾和社区日间照料等服务。

（3）协助有需要的老年人申请机构养老服务。

（4）协调老年人的长期照护安排，特别是居家照顾、社区日间照料和机构照顾之间的衔接安排。

（5）协助照顾者提升照顾技能。

3. 适老化环境改造服务

适老化环境改造服务主要包括以下内容：

（1）协调开展老年人居住环境安全评估。

（2）帮助老年人特别是失能、失智等有需要的老年人及其家庭申请政府与社会资助，并通过改善室内照明条件、铺设防滑材料、安装浴室扶手等，降低老年人跌倒等意外风险。

4. 家庭辅导服务

家庭辅导服务主要包括以下内容：

（1）协助老年人处理与配偶的关系。

（2）协助老年人处理与子女等的家庭内代际关系。

（3）为老年人提供婚恋咨询和辅导。

5. 精神慰藉服务

精神慰藉服务主要包括以下内容：

（1）识别老年人的认知和情绪问题，必要时请求专业人士的帮助，对老年人进行认知和情绪问题评估或诊断。

精神慰藉服务的形式

（2）为有需要的老年人提供心理辅导、情绪疏解、认知调节等服务，帮助老年人摆脱抑郁、焦虑、孤独感等心理问题的困扰。

（3）协助老年人获得亲友的尊重、关怀和理解。

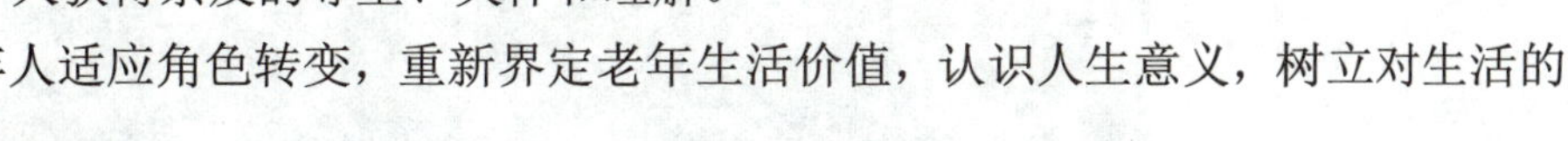

（4）帮助老年人适应角色转变，重新界定老年生活价值，认识人生意义，树立对生活的信心。

6. 危机干预服务

危机干预服务主要包括以下内容：

（1）识别并评估老年人所面临的危机，包括危机的来源、危害程度、老年人应对危机的能力、以往应对方式及其效果等。

（2）统筹制订危机干预计划，包括需要干预的问题或行为、可采取的策略、可获得的社会支持、危机介入小组的建立及分工、应急演练方案、信息沟通方式等。

（3）及时处理最迫切的问题，特别是老年人自杀、伤及他人等可能危及生命安全的行为问题。必要时，请求其他专业力量的支援，对老年人采取身体约束或其他限制措施。

（4）进行危机干预的善后工作，包括回访介入对象，开展危机介入工作评估和总结，完善应急预案以预防同类危机再次出现等。

7．社会支持网络建设服务

社会支持网络建设服务主要包括以下内容：

（1）对老年人的社会支持网络进行评估，包括个人层面可给予支持的人数、类型、距离及所发挥的功能，以及社区层面老年人群体的问题与需求、资源配置情况与需求满足情况。

（2）综合使用各种策略强化老年人社会支持网络，包括个人增能与自助、家庭照顾者支持、邻里互助、志愿者链接、增强社区权能等。

（3）巩固社会支持网络建设成效，建立长效机制。

8．社区参与服务

社区参与服务主要包括以下内容：

（1）开展适合老年人的文化活动、体育活动等各项活动，组建老年人兴趣团体，提升老年人的社会活跃度，丰富老年人的社会生活。

（2）组织老年人积极参与各项志愿服务，组建老年志愿者队伍，发展老年志愿服务团体。

（3）支持老年人参与社区协商，为社区发展出谋划策。

（4）拓展老年人沟通和社区参与的渠道，促进老年人群体的社会融合。

9．老年教育服务

老年教育服务主要包括以下内容：

（1）评估老年人的兴趣爱好与教育需求。

（2）推动建立老年大学（见图 3-1）、老年学习社等多种类型的老年人学习机构或平台。

图 3-1　老年大学

（3）开展有关老年健康、传统文化、安全防范、新兴媒介使用等方面的学习培训课程。

（4）鼓励和支持老年人组建各种学习交流组织，开展各种学习研讨活动，扩大老年人的社会交往范围。

（5）鼓励老年人将学习成果转化运用并传承下去，鼓励老年人与年轻人之间相互学习、增进理解。

10. 咨询服务

咨询服务主要包括以下内容：

（1）协调相关专业人士为老年人提供政策咨询、法律咨询、健康咨询、消费咨询等服务。

（2）完善老年人信息提供和问询解答的机制和流程。

11. 权益保障服务

权益保障服务主要包括以下内容：

（1）维护和保障老年人的财产处置权和婚姻自由权。

（2）发现并及时举报虐待、遗弃、疏于照顾老年人等损害老年人权益的事项。

（3）开展社会宣传和公众教育，防止老年人受到歧视、侮辱和其他不公平、不合理对待。

（4）协助符合条件的老年人享受社区和机构的各项养老服务，获得高龄津贴和养老服务补贴等。

12. 政策倡导服务

政策倡导服务主要包括以下内容：

（1）研究、分析与老年人相关的政策、法规等在制定和执行过程中的不完善与不合理之处，向相关职能部门提出完善建议。

（2）对社会公众进行政策宣传，树立对老年人群体的客观、公正的社会评价。

13. 临终关怀服务

临终关怀服务主要包括以下内容：

（1）开展生命教育，帮助老年人树立理性的生死观。

（2）协助医护人员做好临终期老年人的生活照料和疼痛管理。

（3）密切关注老年人的情绪变化，提供相应的心理支持。

（4）协助老年人完成未了心愿与遗嘱订立、器官捐献等法律事务。

（5）协助老年人与亲友的和解、告别等事宜。

（6）为老年人提供精神层面的支持。

（7）为有需要的老年人及其家属提供哀伤辅导服务。

小提示

在进行老年社会工作服务时，应当尊重老年人的独立性，确保老年人的参与性，满足老年人的自我实现需求，维护老年人的尊严。

（三）老年社会工作服务的方法

1．基础方法

在老年社会工作服务中，老年社会工作者可以根据实际情况综合运用个案工作、小组工作、社区工作等社会工作直接服务方法，及社会工作行政、社会工作研究等社会工作间接服务方法。

个案工作是指以有需要的个人或家庭为服务对象，运用个别化的工作方式，增强其解决困难和适应社会的能力，促进其与环境和谐发展的一种专业社会工作服务方法。

小组工作是指以具有共同需求或相近问题的群体为服务对象，通过小组活动和组员之间的互动互助，帮助小组组员改善社会功能的一种专业社会工作服务方法。

社区工作是指以整个社区为服务对象，通过社区组织、社区发展等形式解决社会问题的一种专业社会工作服务方法。与个案工作、小组工作相比，社区工作涉及面更广。

社会工作行政是指社会服务机构通过计划、组织、协调、控制等管理过程，促进机构目标有效实现和确保服务对象获得高水平服务的社会工作间接服务方法。

社会工作研究是指研究者依托社会工作伦理和社会研究伦理，使用社会研究的方法和程序，搜集、分析与社会福利和社会工作有关的资料，以协助实现社会工作目标的社会工作间接服务方法。

2．针对特定需要的介入方法

在老年社会工作服务中，经常要针对老年人的特定需要，采取如下的一些介入方法：

（1）缅怀治疗，即老年社会工作者协助老年人缅怀幸福的往事，找回以往的感受，从正面的角度去理解和面对过去的失败与困扰，从而肯定自己，适应现在的生活状况。这一方法主要适用于帮助老年人缓解抑郁、轻度失智等症状。

（2）人生回顾，即老年社会工作者引导老年人重温人生经历，处理在早期生活中还没有妥善处理的问题，从而使其解开长期的心结。这一方法主要适用于帮助老年人处理长期的情绪问题。

（3）现实辨识，即老年社会工作者通过向老年人提供持续的刺激和适当的环境提示，帮助他们与现实环境接轨。这一方法主要适用于预防和缓解老年人认知混乱、记忆力衰退等问题。

（4）动机激发，即老年社会工作者通过协助老年人接触他人、参加群体活动，激发老年人对现在和未来生活的兴趣。这一方法主要适用于预防老年人社交能力受损、缓解老年人负面情绪等。

（5）园艺治疗，即老年社会工作者通过组织和协助老年人参与园艺活动，使其接触自然、舒缓压力。这一方法主要适用于改善老年人的身心状态。

（6）照顾管理，即老年社会工作者综合评估老年人的需求，并通过计划、统筹、监督、再评估和改进服务，实现对老年人持续、全面的照顾。这一方法主要适用于需要长期照护的老年人，以及具有多重问题和复杂需求的老年人。

发挥社工力量，守护高龄老年人

95 岁高龄的陈奶奶不慎摔伤腰椎，需卧床静养近三个月，其间完全失去自理能力。陈奶奶的丈夫二十几年前去世，唯一的儿子 8 年前也患病去世，陈奶奶仅靠儿媳妇照顾。随着时间的流逝，陈奶奶情绪愈发低落，认为自己是家庭的累赘，不如早点离世。

当地社会工作组织了解这一情况后，立即介入。社会工作者定期上门探访陈奶奶，给予关怀和陪伴，还为陈奶奶梳头、量血压，与她开展生命故事访谈，围绕人生难忘经历、克服困难的经过、亲朋好友等话题进行交流；与陈奶奶的儿媳妇商讨护理计划，协助增进亲人沟通；为陈奶奶制订生活计划，协助申请临时救助，缓解家庭经济压力；举办邻里茶话会，增强邻里情感，制作邻里紧急联系本，做好应急帮扶工作。

这一系列举动让陈奶奶感受到了社会的温暖。陈奶奶每次看到社会工作者前来，眼里都闪着泪光，总是说："多谢你们这么有心来看望我，对我这么关爱，祝你们工作顺利，心想事成啊！"经过一年多的专业社会工作服务，陈奶奶恢复了昔日的笑脸，也找回了生命存在的意义，对生活重燃希望。

资料来源：广东省民政厅官网，有改动

二、养老服务设施

养老服务设施是开展老年人社会服务的重要基础支撑，是老年人安享幸福晚年的重要保障。我国出台了一系列法规与标准，对养老服务设施的规划建设、维护等提供保障。

（一）养老服务设施相关法规

《老年人权益保障法》第三十八条第一款规定："地方各级人民政府和有关部门、基层群众性自治组织，应当将养老服务设施纳入城乡社区配套设施建设规划，建立适应老年人需要的生活服务、文化体育活动、日间照料、疾病护理与康复等服务设施和网点，就近为老年人提供服务。"第四十条规定："地方各级人民政府和有关部门应当按照老年人口比例及分布情况，将养老服务设施建设纳入城乡规划和土地利用总体规划，统筹安排养老服务设施建设用地及所需物资。公益性养老服务设施用地，可以依法使用国有划拨土地或者农民集体所有的土地。养老服务设施用地，非经法定程序不得改变用途。"

《中华人民共和国公共文化服务保障法》第九条、第十七条规定，各级人民政府应当根据未成年人、老年人、残疾人和流动人口等群体的特点与需求，提供相应的公共文化服务；老年人活动中心等公共文化设施的设计和建设，应当符合实用、安全、科学、美观、环保、节约的要求和国家规定的标准，并配置无障碍设施设备。

2016 年 12 月，国务院办公厅发布《关于全面放开养老服务市场提升养老服务质量的若干意见》，在优化市场环境、提高老年人生活便捷化水平、完善土地支持政策等方面对养老服务设施的规划建设、监管等提出了指导性意见。例如，该文件提出，要通过政府补贴、产业引导和业主众筹等方式，加快推进老旧居住小区和老年人家庭的无障碍改造，重点做好居住区缘石坡道、轮椅坡道、公共出入口、走道、楼梯、电梯候梯厅及轿厢等设施和部位的无障碍改造，优先安排贫困、高龄、失能等老年人家庭设施改造，组织开展多层老旧住宅电梯加装（见图 3-2）。

图 3-2　多层老旧住宅电梯加装

2019 年 4 月，国务院办公厅发布《关于推进养老服务发展的意见》，明确提出促进养老服务基础设施建设，包括实施特困人员供养服务设施（敬老院）改造提升工程、实施民办养老机构消防安全达标工程、实施老年人居家适老化改造工程、落实养老服务设施分区分级规划建设要求、完善养老服务设施供地政策等。

《“十四五”国家老龄事业发展和养老服务体系规划》中对完善社区养老服务设施配套提出了要求。例如，各地要严格按照人均用地不少于 0.1 m^2 的标准分区分级规划设置社区养老服务设施；加强常态化督查，确保新建居住区与配套养老服务设施同步规划、同步建设、同步验收、同步交付。此外，该文件还在完善用地用房支持政策、强化财政资金和金融保障等方面对养老服务设施的规划建设提出了相应要求。

（二）养老服务设施相关标准

2018 年 10 月，《老年人照料设施建筑设计标准》（JGJ 450—2018）正式实施，其内容主要包括老年人照料设施的基本规定、基地与总平面规定、建筑设计要求、专门要求、建筑设备要求等。2022 年 7 月，住房和城乡建设部发布了该标准的局部修订条文征求意见稿，此次修订增加了防疫设计相关规定，强化了老年人日间照料设施相关规定，补充了失智照护环境相关规定与标识设计相关规定，并完善了既有条文及条文说明，使该标准更加适应新的需求。

2019 年 5 月，新修订的《城镇老年人设施规划规范》（GB 50437—2007）（2018 年版）正式实施，其内容主要包括城镇老年人设施的配建要求、布局与选址要求、场地规划要求等。

根据该标准，老年人设施的规划要求如下：① 符合城镇总体规划及其他相关规划的要求；② 符合“统一规划、合理布局、因地制宜、综合开发、配套建设”的原则；③ 符合老年人生理和心理需求，并综合考虑日照、通风、防寒、采光、防灾及管理等方面的要求；④ 符合社会效益、环境效益和经济效益相结合的原则。

此外，一些地区结合当地实际情况，制定了相应的地方标准，对养老服务设施的规划建设、运营管理等进行规范，如重庆市的《社区养老服务设施建设规范》（DB50/T 866—2018）、山东省的《社区养老设施管理与运行规范》（DB37/T 3777—2020）、安徽省的《养老服务设施规划建设标准》（DB34/T 3943—2021）等。

课堂活动

你知道、体验或使用过哪些养老服务设施？这些养老服务设施有哪些可以改进的地方？请同学们讨论、分享。

三、老年健康服务

老年人健康快乐是社会文明进步的重要标志，老年健康服务是老年人社会服务的重要组成部分。《老年人权益保障法》第五十条第一款规定：“各级人民政府和有关部门应当将老年医疗卫生服务纳入城乡医疗卫生服务规划，将老年人健康管理和常见病预防等纳入国家基本公共卫生服务项目。鼓励为老年人提供保健、护理、临终关怀等服务。”

2016 年 10 月，中共中央、国务院发布《“健康中国 2030”规划纲要》，该文件指出要加强重点人群健康服务，并提出了推进老年医疗卫生服务体系建设、推进中医药与养老融合发展、鼓励社会力量兴办医养结合机构、加强老年常见病与慢性病的健康指导和综合干预、推动开展老年心理健康与关怀服务、推动居家老年人长期照护服务发展等一系列促进健康老龄化的措施。

2019 年 7 月，国务院发布《关于实施健康中国行动的意见》，提出要实施老年健康促进行动，具体实施方案包括：面向老年人普及膳食营养、体育锻炼、定期体检、健康管理、心理健康及合理用药等方面的知识；健全老年健康服务体系，完善居家和社区养老政策，推进医养结合，探索长期护理保险制度，打造老年宜居环境，实现健康老龄化。

为解决老年健康服务体系不健全、有效供给不足、发展不平衡不充分的问题，建立完善符合我国国情的老年健康服务体系，满足老年人日益增长的健康服务需求，国家卫生健康委、国家发展改革委等部门于 2019 年 10 月联合发布《关于建立完善老年健康服务体系的指导意见》，提出了加强健康教育、加强预防保健、加强疾病诊治、加强康复和护理服务、加强长期照护服务、加强安宁疗护服务等主要任务，并从强化标准建设、强化政策支持、强化学科发展、强化队伍建设、强化信息支撑、强化组织保障等层面提出了保障措施。

2021 年 12 月，国务院发布《关于全面加强老年健康服务工作的通知》，提出了一系列做好老年健康服务的措施，包括加强老年人健康教育、做实老年人基本公共卫生服务、加强老年人功能维护、开展老年人心理健康服务、做好老年人家庭医生签约服务、提高老年医疗多病共治能力、加强老年人居家医疗服务、加强老年人用药保障、加强老年友善医疗服务、大力发展老年护理与康复服务、加强失能老年人健康照护服务、加快发展安宁疗护服务、加强老年中医药健康服务、做好老年人传染病防控等。此外，该文件还提出了增强老年健康服务意识、强化老年健康服务的组织保障等意见。

2022 年 2 月，国家卫生健康委、教育部等部门联合发布《“十四五”健康老龄化规划》，提出了 2025 年健康老龄化发展目标的主要指标，如表 3-2 所示。针对发展目标，该文件提出了一系列主要任务：强化健康教育，提高老年人主动健康能力；完善身心健康并重的预防保健服务体系；以连续性服务为重点，提升老年医疗服务水平；健全居家、社区、机构相协调的失能老年人照护服务体系；深入推进医养结合发展；发展中医药老年健康服务；加强老年健康服务机构建设；提升老年健康服务能力；促进健康老龄化的科技和产业发展。

表 3-2　2025 年健康老龄化发展目标的主要指标

主要指标	2020 年	2025 年	性质
老年人健康素养水平	—	有所提高	预期性
65～74 岁老年人失能发生率	—	有所下降	预期性
65 岁及以上老年人城乡社区规范化健康管理服务率	—	≥65%	预期性
65 岁及以上老年人中医药健康管理率	68.4%	≥75%	预期性
二级及以上综合性医院设立老年医学科的比例	31.8%	≥60%	预期性
综合性医院、康复医院、护理院和基层医疗卫生机构中老年友善医疗卫生机构占比	—	≥85%	约束性
三级中医医院设置康复（医学）科的比例	78%	≥85%	约束性

四、老龄产业发展

老龄产业是指由市场为老龄群体提供产品和服务，满足老龄群体消费需求，提升老龄群体生活质量所形成的企业和社会组织发展业态。《老年人权益保障法》第五十二条规定：“国家采取措施，发展老龄产业，将老龄产业列入国家扶持行业目录。扶持和引导企业开发、生产、经营适应老年人需要的用品和提供相关的服务。”

2013 年 9 月，国务院发布《关于加快发展养老服务业的若干意见》，针对养老服务业的发展提出了“产业规模显著扩大”的目标，具体包括以老年生活照料、老年产品用品、老年健康服务、老年体育健身、老年文化娱乐、老年金融服务、老年旅游（见图 3-3）等为主的养老服务业全面发展，养老服务业增加值在服务业中的比重显著提升，全国机构养老、居家社区生活照料和护理等服务提供 1 000 万个以上就业岗位，涌现一批带动力强的龙头企业和大

批富有创新活力的中小企业，形成一批养老服务产业集群，培育一批知名品牌。

图 3-3　老年旅游

为引导老年用品产业高质量发展，培育经济新增长点和新动能，工业和信息化部、民政部等部门于 2019 年 12 月联合发布《关于促进老年用品产业发展的指导意见》，提出了促进老年用品产业发展的十五项工作任务，如发展功能性老年服装服饰、发展智能化日用辅助产品、发展安全便利养老照护产品、发展康复训练及健康促进辅具、发展适老化环境改善产品等。

《关于加强新时代老龄工作的意见》中指出，要通过加强规划引导与发展适老产业积极培育银发经济。例如，鼓励各地利用资源禀赋优势，发展具有比较优势的特色老龄产业；相关部门要制定老年用品和服务目录、质量标准，推进养老服务认证工作；各地要推动与老年人生活密切相关的食品、药品及老年用品行业规范发展，提升传统养老产品的功能和质量，满足老年人特殊需要；等等。

《"十四五" 健康老龄化规划》中提出，要通过加强老年健康科学研究、推动老龄健康产业可持续发展、强化信息化支撑等措施促进健康老龄化的科技和产业发展。例如，在加强老年健康科学研究方面，要加强衰老机制的基础性研究，加强适宜技术研发推广等；在推动老龄健康产业可持续发展方面，要推动老年健康与多业态深度融合发展，发展智慧健康养老服务等；在强化信息化支撑方面，要建立老年健康数据的收集和发布机制等。

情境回顾

老年社会工作服务是指以老年人及其家庭为对象，旨在维持和改善老年人的社会功能、提高老年人生活和生命质量的社会工作服务。其内容主要包括救助服务、照顾安排服务、适老化环境改造服务、家庭辅导服务、精神慰藉服务、危机干预服务、社会支持网络建设服务、社区参与服务、老年教育服务、咨询服务、权益保障服务、政策倡导服务、临终关怀服务等。

除老年社会工作服务外，老年人社会服务还包括养老服务设施的规划建设与维护、老年健康服务、老龄产业发展等。

课后练习

（1）查阅《老年社会工作服务指南》（MZ/T 064—2016），熟悉老年社会工作的注意事项。

（2）搜集你所在地区发布的养老服务设施相关地方性法规与地方标准，将其分类整理，并与同学分享。

任务三　熟悉老年人社会优待

情境导入

一天，老刘的老伴在家里做农活，老刘独自进城做复检。出了城市客运站后，老刘先到附近的银行，在老年人取款优先窗口取了一些现金，随后刷老年卡乘坐公交车，并坐在了爱心专座上，免费乘公交车抵达医院。一进医院，就有工作人员主动上前问询，引导老刘办理了挂号、取号等手续。在后续的就诊过程中，一直都有工作人员热心地为老刘提供帮助。最后，老刘在老年人优先窗口完成了缴费与取药。

请思考：

（1）在做复检的过程中，老刘享受了哪些优待？

（2）你还知道哪些老年人社会优待？

一、什么是老年人社会优待

老年人社会优待是指政府和社会在做好公民社会保障和基本公共服务的基础上，在医、食、住、用、行、娱等方面，积极为老年人提供的各种形式的经济补贴、优先优惠和便利服务。做好老年人社会优待工作，是增进老年人福祉的重要举措，也是社会文明进步的重要标志。《老年人权益保障法》第五十三条规定：“县级以上人民政府及其有关部门根据经济社会发展情况和老年人的特殊需要，制定优待老年人的办法，逐步提高优待水平。对常住在本行政区域内的外埠老年人给予同等优待。”

2013 年 12 月，全国老龄工作委员会办公室、最高人民法院等部门联合发布《关于进一步加强老年人优待工作的意见》，确定 60 周岁以上的老年人享有政务服务、卫生保健、交通出行、商业服务、文体休闲、维权服务等方面的优待。该文件还提出，各地可因地制宜，在本意见基础上合理确定优待对象和优待标准，率先在卫生保健、交通出行、商业服务、文体休闲等方面，对常住本行政区域内的老年人给予同等优待，并根据本地实际情况，逐步拓展

同等优待范围。

根据国家法规，各地方政府也制定了相应的地方法规，对本地区的老年人社会优待工作进行了规范，如湖北省的地方政府规章《湖北省关于老年人享受优待服务的规定》、北京市的规范性文件《关于进一步加强北京市老年人优待工作的意见》等。

二、老年人政务服务优待

根据《关于进一步加强老年人优待工作的意见》，老年人享有以下政务服务优待：

（1）各地在落实和完善社会保障制度和公共服务政策时，应对老年人予以适度倾斜。

（2）鼓励地方建立 80 周岁以上低收入老年人高龄津贴制度。

（3）政府投资兴办的养老机构，要在保障“三无”老年人、“五保”老年人服务需求的基础上，优先照顾经济困难的孤寡、失能、高龄老年人。

（4）各地对经济困难的老年人要逐步给予养老服务补贴；对生活长期不能自理、经济困难的老年人，要根据其失能程度等情况给予护理补贴。

（5）各地在实施廉租住房、公共租赁住房等住房保障制度时，要照顾符合条件的老年人，优先配租配售保障性住房；进行危旧房屋改造时，优先帮助符合条件的老年人进行危旧房屋改造。

（6）政府有关部门要为老年人及时、便利地领取养老金、结算医疗费和享受其他物质帮助创造条件，提供便利。鼓励和引导公共服务机构、社会志愿服务组织优先为老年人提供服务。

（7）政府有关部门在办理房屋权属关系变更等涉及老年人权益的重大事项时，应依法优先办理，并就办理事项是否为老年人的真实意愿进行询问，有代理人的要严格审查代理资格。

（8）免除农村老年人兴办公益事业的筹劳任务。经农村集体经济组织全体成员同意，可将未承包的集体所有的部分土地、山林、水面、滩涂等作为养老基地，收益供老年人养老，纳入国家和地方湿地保护体系及其自然保护区的重要湿地除外。

（9）政府有关部门要完善老年人社会参与方面的支持政策，充分发挥老年人参与社会发展的积极性和创造性。

（10）对有老年人去世的城乡生活困难家庭，减免其基本殡葬服务费用，或者为其提供基本殡葬服务补贴。对有老年人去世的家庭，选择生态安葬方式的，或者在土葬改革区自愿实行火葬的，给予补贴或奖励。

一些地方法规对老年人政务服务优待内容进行了细化与扩充。例如，《关于进一步加强北京市老年人优待工作的意见》中规定，在实施经济适用房、公租房等住房保障制度时，相关房管部门应明确设计与建设标准，在项目中安排一定比例的符合适老性标准的住房，并对符合条件的本市户籍老年人优先配租配售保障性住房，提高租金补贴标准；进行危旧房屋改造时，优先帮助符合条件的本市户籍老年人进行危旧房屋改造；残疾或失独老年人在住房拆迁安置中，同等条件下可享受优先选择楼层的待遇。

《老年人权益保障法》第五十四条规定:“各级人民政府和有关部门应当为老年人及时、便利地领取养老金、结算医疗费和享受其他物质帮助提供条件。”第五十五条规定:“各级人民政府和有关部门办理房屋权属关系变更、户口迁移等涉及老年人权益的重大事项时，应当就办理事项是否为老年人的真实意思表示进行询问，并依法优先办理。”

三、老年人卫生保健优待

（一）国家层面

《老年人权益保障法》第五十七条第一款规定，医疗机构应当为老年人就医提供方便，对老年人就医予以优先。根据《关于进一步加强老年人优待工作的意见》，老年人享有以下卫生保健优待：

（1）医疗卫生机构要优先为辖区内 65 周岁以上常住老年人免费建立健康档案，每年至少提供 1 次免费体格检查和健康指导，开展健康管理服务。定期对老年人进行健康状况评估，及时发现健康风险因素，促进老年疾病早发现、早诊断、早治疗。积极开展老年疾病防控知识宣传，开展老年慢性病和老年性精神障碍的预防控制工作。为行动不便的老年人提供上门服务。

（2）鼓励设立老年病医院，加强老年护理院、老年康复医院建设，有条件的二级以上综合医院应设立老年病科。

（3）医疗卫生机构应为老年人就医提供方便和优先优惠服务。通过完善挂号、诊疗系统管理，开设专用窗口或快速通道，提供导医服务等方式，为老年人特别是高龄、重病、失能老年人挂号（退换号）、就诊、转诊、综合诊疗提供便利条件。

（4）鼓励各地医疗机构减免老年人普通门诊挂号费和贫困老年人诊疗费。提倡为老年人义诊。

（5）倡导医疗卫生机构与养老机构之间建立业务协作机制，开通预约就诊绿色通道，协同做好老年人慢性病管理和康复护理，加快推进面向养老机构的远程医疗服务试点，为老年人提供便捷、优先、优惠的医疗服务。

（6）支持符合条件的养老机构内设医疗机构，并申请将其纳入基本医疗保险定点范围。

此外，国家卫生健康委办公厅于 2021 年 6 月发布了《关于实施进一步便利老年人就医举措的通知》，制定了十项举措，为老年人出入院、挂号、诊疗、用药等提供便利。十项举措分别为：① 设立老年人快速预检通道；② 提供多渠道预约挂号服务；③ 优化线上线下服务流程；④ 提供便利的药事服务；⑤ 推行出入院“一站式”服务；⑥ 加强住院老年患者管理；⑦ 安排专人提供导医服务；⑧ 构建适老化就医环境；⑨ 加强对老年人运用智能技术就医的宣传引导；⑩ 推动老年人居家医疗服务。

（二）地方层面

根据国家法规，各地区也制定了相应的地方法规，为老年人提供卫生保健优待。例如，江西省卫生健康委、江西省中医药管理局发布了《关于人性化落实好全省老年人看病就医36条助老便利举措的通知》，提出了简化诊疗流程服务、强化多学科联合门诊（MDT）服务等助老便利举措；四川省卫生健康委发布了《四川省便利老年人就医实施方案》，提出了增设快速预检通道、开通多渠道挂号服务、全面落实老年优先服务等重点任务。

多个地区出台相关政策对老年人的医疗费用进行了不同程度的减免。例如，《湖北省关于老年人享受优待服务的规定》中提出，70 周岁以上老年人免收普通门诊挂号费，当地医疗机构应定期为百岁以上老人免费提供医疗保健服务；《哈尔滨市优待老年人规定》中提出，70 周岁以上的老年人在政府兴办或者财政支持的医疗卫生机构看病免收挂号费（不含专家门诊），最低生活保障家庭的 70 周岁以上老年人家庭病床免收出诊费。

家庭病床服务与义诊

家庭病床服务是指对适合在家庭或者养老机构环境下进行检查、治疗和护理的患者，在其居住场所设立病床，运用社区适宜医疗技术为患者提供医学健康照顾的一种社区卫生服务形式。《老年人权益保障法》第五十七条第一款规定，有条件的地方，可以为老年人设立家庭病床，开展巡回医疗、护理、康复、免费体检等服务。多个地区发布了相关规范性文件，对家庭病床服务进行指导与规范，如宁夏回族自治区卫生健康委发布了《关于在全区开展家庭病床试点工作的指导意见》，西安市卫生健康委、西安市医疗保障局发布了《西安市家庭病床服务管理实施细则（试行）》等。

义诊是一种无报酬地为人治病的公益行为。《老年人权益保障法》第五十七条第二款规定："提倡为老年人义诊。"一些地区发布的规范性文件对义诊行为进行了规范。例如，重庆市卫生健康委发布的《关于进一步加强义诊管理工作的通知》提出了落实义诊备案制度、规范义诊行为、强化监督管理等加强义诊管理工作的要求。

四、老年人交通出行优待

候车享"优待"，"慢"得很从容

根据《关于进一步加强老年人优待工作的意见》，老年人享有以下交通出行优待：

（1）城市公共交通、公路、铁路、水路和航空客运，要为老年人提供便利服务。

（2）交通场所和站点应设置老年人优先标志，设立等候专区（见图 3-4），根据需要配备升降电梯、无障碍通道、无障碍洗手间等设施。对于无人陪同、行动不便的老年人给予特别关照。

图 3-4 等候专区

（3）城市公共交通工具应为老年人提供票价优惠，鼓励对 65 周岁以上老年人实行免费，有条件的地方可逐步覆盖全体老年人。各地可根据实际情况制定具体的优惠办法，对落实老年优待任务的公交企业要给予相应经济补偿。

（4）倡导老年人投保意外伤害保险，保险公司对参保老年人应给予保险费、保险金额等方面的优惠。

（5）公共交通工具要设立不低于座席数 10%的“老幼病残孕”专座。铁路部门要为列车配备无障碍车厢和座位，对有特殊需要的老年人订票和选座位提供便利服务。

（6）严格执行《无障碍环境建设条例》《社区老年人日间照料中心建设标准》《养老设施建筑设计规范》等建设标准，重点做好居住区、城市道路、商业网点、文化体育场馆、旅游景点等场所的无障碍设施建设，优先推进坡道、电梯等与老年人日常生活密切相关的公共设施改造，适当配备老年人出行辅助器具，为老年人提供安全、便利、舒适的生活和出行环境。

（7）公厕应配备便于老年人使用的无障碍设施，并对老年人实行免费。

为贯彻落实《关于切实解决老年人运用智能技术困难实施方案的通知》有关部署，推动解决老年人在智能技术面前遇到的交通出行困难，进一步完善交通运输领域便利老年人出行服务的政策措施，确保老年人日常交通出行便利，交通运输部、人力资源社会保障部等部门于 2020 年 12 月联合发布《关于切实解决老年人运用智能技术困难便利老年人日常交通出行的通知》，要求通过保留现金、纸质票据和凭证，完善交通一卡通出行服务功能，便利老年人凭证件乘坐城市公共交通工具等方式便利老年人乘坐公共交通工具。此外，该文件还提出了一系列优化老年人打车出行服务、提高客运场站人工服务质量的措施。

2023 年 4 月，交通运输部办公厅发布《2023 年持续提升适老化无障碍交通出行服务工作方案》，针对满足老年人的无障碍出行服务需要制定了一系列目标任务，包括扩大出租汽车电召和网约车“一键叫车”服务覆盖面，新打造敬老爱老城市公共汽电车线路 1 000 条，推动城市客运无障碍设施设备更新改造，加快低地板及低入口城市公共汽电车推广应用，开展城市轨道交通“爱心预约”乘车服务等。

“敬老爱老”公交专线守护老年人出行

鲜明醒目的敬老宣传标语，生动有趣的老年人防诈宣传漫画，装有老花镜、雨伞、药品的诚信箱，安全座椅旁悬挂着的按摩锤……在温州市 103 路“敬老爱老”公交专线上，随处可见敬老元素。

“我们从老年人的出行需求出发，把三条较受老年人欢迎的线路列为‘敬老爱老’公交专线”，温州市交通运输集团有限公司相关负责人介绍。专线车辆全部采用低入口公交车，使老年人上下车更加安全、便捷。同时，为专线服务的司机都经过专门挑选，技术高超，经验丰富。“我就住在附近，平时经常在这里锻炼，也常常在这里坐公交。有了专门为老年人开通的公交专线，我们的乘车体验更好了。”首次体验“敬老爱老”公交专线的芦阿姨说。

除了统一配备的敬老装置之外，三条线路各有特点。其中，103 路车内放有按摩锤，可以让老年人在乘坐公交时缓解疲劳；B3 路车内设有轮椅固定区和后门轮椅导板，方便乘坐轮椅的老年人上下车；江滨微公交则为老年人提供“漫游小巴”约车、“一键按铃”呼叫、“爱心专座”增量等服务，竭力提供适老化出行服务。

资料来源：《温州日报》2022 年 9 月 23 日 02 版，作者金瑞雅，有改动

五、老年人商业服务优待

根据《关于进一步加强老年人优待工作的意见》，老年人享有以下商业服务优待：

（1）各地要根据老年人口规模和消费需求，合理布局商业网点，有条件的商场、超市设立老年人用品专柜。

（2）商业饮食服务网点、日常生活用品经销单位，以及水、电、暖气、燃气、通信、电信、邮政等服务行业和网点，要为老年人提供优先、便利和优惠服务。

（3）金融机构应为老年人办理业务提供便捷服务，设置老年人取款优先窗口，并提供导银服务，对有特殊困难、行动不便的老年人提供特需服务或上门服务。鼓励对养老金客户实施减费让利，对异地领取养老金的客户减免手续费。对办理转账、汇款业务或购买金融产品的老年人，应提示相应风险。

六、老年人文体休闲优待

根据《关于进一步加强老年人优待工作的意见》，老年人享有以下文体休闲优待：

（1）各级各类博物馆、美术馆、科技馆、纪念馆、公共图书馆、文化馆等公共文化服务

设施向老年人免费开放，减免老年人参观文物建筑、遗址等场所的门票。

（2）公共文化体育部门应对老年人优惠开放，免费为老年人提供影视放映、文艺演出、体育赛事、图片展览、科技宣传等公益性流动文化体育服务。关注农村老年人文化体育需求，适当安排面向农村老年人的专题专场公益性文化体育服务。

（3）公共文化体育场所应为老年人健身活动提供方便和优惠服务，安排一定时段向老年人减免费用开放，有条件的可适当增加面向老年人的特色文化体育服务项目。提倡体育机构每年为老年人进行体质测定，为老年人体育健身提供咨询、服务和指导，提高老年人科学健身水平。

（4）提倡经营性文化体育单位对老年人提供优待。鼓励影（剧）院、体育场（馆）为老年人提供票价优惠，为老年人文艺体育团体优惠提供场地。

（5）公园、旅游景点应对老年人实行门票减免，鼓励景区内的观光车、缆车等代步工具对老年人给予优惠。

（6）老年活动场所、老年教育资源要对城乡老年人公平开放，公共教育资源应为老年人学习提供指导和帮助。对于进入老年大学（学校）学习的贫困老年人，应给予学费减免。

一些地方法规对老年人文体休闲优待内容进行了细化与扩充。例如，《湖北省关于老年人享受优待服务的规定》中提出，各影（剧）院、体育场（馆）、文化馆、工人文化宫和俱乐部，放映电影、举行体育比赛、表演节目（全运会和国际性比赛除外）等，在观众人数不超过容纳限度的条件下，白天对老年人实行半价优惠。《关于进一步加强北京市老年人优待工作的意见》中提出，市、区（县）财政支持的公共图书馆应开设老年读者阅览区域，并为老年人提供大字阅读设备、触屏读报系统等，以及老年镜、放大镜等方便阅读的物品。

七、老年人维权服务优待

根据《关于进一步加强老年人优待工作的意见》，老年人享有以下维权服务优待：

（1）各级人民法院对侵犯老年人合法权益的案件要依法及时立案受理，及时审判和执行。

（2）司法机关应开通电话和网络服务、上门服务等，为高龄、失能等行动不便的老年人报案、参与诉讼等提供便利。

（3）老年人因其合法权益受到侵害提起诉讼，需要律师帮助但无力支付律师费用的，可依法获得法律援助。对老年人提出的法律援助申请，要简化程序，优先受理、优先审查和指派。各地可根据经济社会发展水平，适度放宽老年人经济困难标准，将更多与老年人权益保护密切相关的事项纳入法律援助补充事项范围，扩大老年人的法律援助覆盖面。

（4）要健全完善老年人法律援助体系，不断拓展老年人申请法律援助的渠道，科学设置基层法律援助站点，简化程序和手续，为老年人就近申请和获得法律援助提供便利条件。

（5）老年人因追索赡养费、扶养费、养老金、退休金、抚恤金、医疗费、劳动报酬、人身伤害事故赔偿金等提起诉讼，交纳诉讼费确有困难的，可以申请司法救助，缓交、减交或

者免交诉讼费。因情况紧急需要先予执行的，可依法裁定先予执行。

（6）鼓励律师事务所、公证处、司法鉴定机构、基层法律服务所等法律服务机构，为经济困难的老年人提供免费或优惠服务。

同步案例

法律援助为老年人撑起法治晴空

“德政可风 善政亲民”，在广东省广州市法律援助处荣誉墙的一面锦旗上，这八个烫金大字格外醒目。这面锦旗是 86 岁高龄的高某波携老伴专程登门致谢时送来的。高某波赠送锦旗时，心情非常激动，连声说：“我和妻子年事已高，抚育孙子面临很大困难，广州市法律援助处和案件承办律师及时帮我追回了房产，维护了我的合法权益。”

原来，高某波为解决孙子高某的抚养教育问题，将其名下的一处房产给予其儿子高某军长期居住使用。后因高某军没有尽到抚养高某的责任，高某波诉至法院请求判定高某军返还房产，一审法院驳回其诉讼请求。于是，高某波来到广州市法律援助处申请法律援助，请求指派律师为其代理上诉事宜。此时，距二审上诉期限届满仅一个工作日。

广州市法律援助处收到高某波的法律援助申请后，为其开通绿色通道，快速办理受理审批手续，不到半小时即按程序指派了某律师事务所的马律师承办本案。马律师接受指派后，第二天便上门向高某波了解案件情况，搜集整理证据，梳理案件办理思路，为高某波拟写了上诉状，并指导其将上诉状邮寄到广州市中级人民法院，确保案件顺利进入二审程序。最终法院做出终审判决，支持了高某波的上诉请求，使他的合法权益得到了充分保障。

资料来源：司法部官网，有改动

情境回顾

我国通过《老年人权益保障法》《关于进一步加强老年人优待工作的意见》等法规，确定了老年人在医、食、住、用、行、娱等方面享受的各种形式的经济补贴、优先优惠和便利服务，包括政务服务优待、卫生保健优待、交通出行优待、商业服务优待、文体休闲优待、维权服务优待等。在“情境导入”中，老刘享受到了金融机构为老年人提供的商业服务优待、城市公共交通部门为老年人提供的交通出行优待、医院为老年人提供的卫生保健优待等。

课后练习

查找你所在地区发布的老年人社会优待相关政策，了解当地的老年人社会优待政策实施细则。

学习成果检测

1. 填空题

（1）我国正在构建以______________为基础、以___________和___________为补充、与____________________和______________相衔接的“三支柱”养老保险体系。

（2）2016 年 1 月，国务院发布相关文件，整合新农合和城镇居民医保两项制度，建立统一的___________________制度。

（3）在老年社会工作服务中，老年社会工作者可以根据实际情况综合运用___________、___________、___________等社会工作直接服务方法及社会工作行政、社会工作研究等社会工作间接服务方法。

2. 单项选择题

（1）（　　）属于强制性保险，用人单位和职工都必须缴纳相关费用。

A．城镇职工基本养老保险　　B．城乡居民基本养老保险

C．企业年金　　D．职业年金

（2）（　　）是政府政策支持、个人自愿参加、市场化运营的补充养老保险，属于第三支柱养老保险中有国家制度安排的部分。

A．企业年金　　B．职业年金

C．个人养老金　　D．养老理财产品

（3）城乡居民大病保险的保障对象为（　　）的参保人。

A．城镇职工基本医疗保险　　B．城乡居民基本医疗保险

C．企业补充医疗保险　　D．商业健康保险

（4）如果在财产继承中有多种继承方式并存，应首先执行（　　）。

A．遗赠扶养协议　　B．遗嘱

C．遗赠　　D．法定继承

3. 判断题

（1）个体工商户无法参加基本养老保险。（　　）

（2）城镇职工基本医疗保险属于强制性保险，用人单位和职工都必须缴纳基本医疗保险费。（　　）

（3）遗赠扶养协议一般以口头形式确立。（　　）

（4）园艺治疗法主要适用于改善老年人的身心状态。（　　）

4. 简答题

（1）我国有哪些社会救助制度为有困难的老年人提供救助？

（2）遗赠扶养协议需要明确哪些内容？

（3）老年社会工作服务中的临终关怀服务主要包括哪些内容？

（4）在老年社会工作服务中，针对老年人特定需要的介入方法有哪些？

学习成果评价

请进行学习成果评价，并将评价结果填入表 3-3 中。

表 3-3　学习成果评价表

<table>
<tr><td>班级</td><td colspan="3"></td><td>日期</td><td></td></tr>
<tr><td>姓名</td><td></td><td>学号</td><td></td><td>指导教师</td><td></td></tr>
<tr><td>项目名称</td><td colspan="5">老年人社会保障、服务与优待</td></tr>
<tr><td>评价项目</td><td colspan="2">评价内容</td><td>分值</td><td>自我评分</td><td>教师评分</td></tr>
<tr><td rowspan="6">理论知识
（40%）</td><td colspan="2">养老保险与老年人医疗保险的相关知识</td><td>6</td><td></td><td></td></tr>
<tr><td colspan="2">老年人社会救助与社会福利的相关知识</td><td>6</td><td></td><td></td></tr>
<tr><td colspan="2">老年人住房保障、计划生育家庭老年人扶助、老年人遗赠扶养协议的相关知识</td><td>4</td><td></td><td></td></tr>
<tr><td colspan="2">老年社会工作服务的内容与方法</td><td>6</td><td></td><td></td></tr>
<tr><td colspan="2">养老服务设施、老年健康服务与老龄产业发展的相关知识</td><td>8</td><td></td><td></td></tr>
<tr><td colspan="2">老年人社会优待的相关知识</td><td>10</td><td></td><td></td></tr>
<tr><td rowspan="2">实践技能
（40%）</td><td colspan="2">能够运用相关法规，帮助老年人解决社会保障方面的问题</td><td>20</td><td></td><td></td></tr>
<tr><td colspan="2">能够按照相关标准，为老年人提供基础的社会工作服务</td><td>20</td><td></td><td></td></tr>
<tr><td rowspan="3">综合素养
（20%）</td><td colspan="2">具备良好的学习态度</td><td>5</td><td></td><td></td></tr>
<tr><td colspan="2">积极、主动参加实践活动</td><td>5</td><td></td><td></td></tr>
<tr><td colspan="2">尊重、关爱老年人，在生活中主动帮助老年人</td><td>10</td><td></td><td></td></tr>
<tr><td colspan="3">合计</td><td>100</td><td></td><td></td></tr>
<tr><td colspan="3">总分（自我评分×40%+教师评分×60%）</td><td colspan="3"></td></tr>
<tr><td>自我评价</td><td colspan="5"></td></tr>
<tr><td>教师评价</td><td colspan="5"></td></tr>
</table>

项目四 老年宜居环境建设

项目引言

随着我国人口老龄化的快速发展和新型城镇化进程的不断加快，公共基础设施与老龄社会要求之间不适应的矛盾日益凸显。在此背景下，推进老年宜居环境建设是开展积极应对人口老龄化行动的重要举措，对推动老龄事业全面协调可持续发展具有重要意义。养老服务从业人员应当认识老年宜居环境建设的内涵、法律保障和重点任务，并了解与老年宜居环境建设有关的国家标准、行业标准与地方标准，以便在老年宜居环境建设中贡献自己的力量。

知识目标

- 理解老年宜居环境建设的内涵。
- 了解老年宜居环境建设的法律保障。
- 熟悉老年宜居环境建设的重点任务。
- 了解建筑、公共交通、信息等领域的无障碍设计标准。
- 了解老年人宜居社区建设的相关地方标准。

素质目标

- 通过学习老年宜居环境建设的内容与相关标准，了解老年人的潜在需求，培养细节意识与关怀精神。

任务一　认识老年宜居环境建设

情境导入

周奶奶已经81岁了，是一名高龄独居老年人。某天，她看到了老年人居家适老化改造工程的宣传手册，对此非常感兴趣。周奶奶所住的房子比较老旧，许多设施使用不便，尤其是浴室设施，她在浴室内走动时总是小心翼翼，害怕滑倒，洗澡时也常感觉体力不支，适老化改造项目正是她需要的。

于是，周奶奶向居委会申请了适老化改造服务。很快，就有工作人员上门评估她的身体条件和房屋状况，并根据她的需求量身定制了改造方案。经过改造后，周奶奶家里的墙壁被重新粉刷，过低的厨房台面被抬升至合适的高度；浴室安装了扶手、折叠浴凳，地面做了防滑和快速排水处理……

验收时，周奶奶非常满意。“改造后非常方便，特别是浴室，对于我们老年人来说，扶手和折叠浴凳这些东西很实用，我再也不用小心翼翼怕滑倒了。后续服务也很好，遇到什么问题，打一个电话就能立刻得到解决。这项服务非常好，让我很安心！”看着焕然一新的家，周奶奶赞不绝口。

请思考：

（1）为什么要实施老年人居家适老化改造工程？

（2）除了适老化改造外，老年宜居环境建设的重点任务还有哪些？

一、老年宜居环境建设的内涵

为了顺应我国人口老龄化形势新变化，满足老龄事业发展新要求，2009年，我国部分地区开展了“老年友好城市”“老年宜居社区”试点工作。2011年9月，国务院发布《中国老龄事业发展“十二五”规划》，提出建立健全老年宜居环境体系，将老年宜居环境建设纳入国家规划。

老年宜居环境建设是指根据人口老龄化形势的发展要求，为促进社会生活环境从“成年型”向“全龄型”转变，妥善解决人口老龄化带来的社会问题，着力发展有利于老年人保持健康、独立和自理，融入社会、参与社会的硬件设施环境和社会文化因素，为老年人平等参与社会生活提供必要条件，同时也为各年龄层的其他社会成员提供和谐共处的整体环境。

老年宜居环境建设有两个重要内涵：一是环境建设要充分考虑人口老龄化因素，满足人口老龄化社会发展的新要求，立足当前，着眼未来，体现前瞻性、科学性与整体性；二是环境建设要符合老年人的身心特点，满足老年人的使用需求，能增强老年人幸福感、获得感，提升老年人生活生命质量。

二、老年宜居环境建设的法律保障

2012 年，新修订的《老年人权益保障法》专门增加“宜居环境”章节，并规定“国家采取措施，推进宜居环境建设，为老年人提供安全、便利和舒适的环境”，从法律层面确立了老年宜居环境建设的必要性，为老年宜居环境建设提供了法律保障。

2023 年 9 月，《中华人民共和国无障碍环境建设法》（以下简称《无障碍环境建设法》）正式施行，这是我国第一部就无障碍环境建设制定的专门性法律。《无障碍环境建设法》从无障碍设施建设、无障碍信息交流、无障碍社会服务、保障措施、监督管理等方面为残疾人、老年人平等、充分、便捷地参与社会活动和融入社会生活提供了法律保障。

《无障碍环境建设法》第四条规定：“无障碍环境建设应当与适老化改造相结合，遵循安全便利、实用易行、广泛受益的原则。”

三、老年宜居环境建设的重点任务

老年宜居环境建设基本原则

2016 年 10 月，全国老龄办、国家发展改革委等部门联合发布《关于推进老年宜居环境建设的指导意见》，提出了以下几个方面的老年宜居环境建设重点任务。

（一）适老居住环境

1．推进老年人住宅适老化改造

建立社区防火和紧急救援网络，完善老年人住宅防火和紧急救援救助条件，鼓励发展老年人紧急呼叫产品与服务，鼓励安装独立式感烟火灾探测报警器（见图 4-1）等设施设备。对老年人住宅室内设施中存在的安全隐患进行排查和改造，有条件的地方可以对特困老年人家庭的改造给予适当补助。引导老年人家庭对日常生活设施进行适老化改造。

图 4-1　安装独立式感烟火灾探测报警器

2．支持适老住宅建设

在城镇住房供应政策中，对开发老年公寓、老少同居的新社区和有适老功能的新型住宅提供相应政策扶持。鼓励发展通用住宅，注重住宅的通用性，满足各年龄段家庭成员，尤其是老年人对居住环境的必要需求。在推进老（旧）居住（小）区、棚户区、农村危房改造中，将符合条件的老年人优先纳入住房保障范围。加大对住宅小区消防安全保障设施建设力度，完善公共消防基础设施建设。

（二）适老出行环境

1．强化住区无障碍通行

加强老年人住宅公共设施无障碍改造，重点对坡道、楼梯、电梯、扶手等公共建筑节点进行改造，满足老年人基本的安全通行需求。加强对《无障碍环境建设条例》的执法监督检查，新建住宅应严格执行无障碍设施建设相关标准，规范建设无障碍设施。

2．构建社区步行路网

遵循安全便利原则，加强社区路网设施规划与建设，加强对社区道路系统、休憩设施、标识系统的综合性无障碍改造。清除步行道路障碍物，保持小区步行道路平整安全，严禁非法占用小区步行道。

3．发展适老公共交通

加强城市道路、公共交通建筑、公共交通工具的无障碍建设与改造。继续落实老年人乘车优惠政策，不断扩大优惠覆盖范围和优惠力度，改善老年人乘车环境，按规定设置“老幼病残孕”专座，鼓励老年人错峰出行。完善公共交通标志标线，强化对老年人的安全提醒，重点对大型交叉路口的安全岛、隔离带及信号灯进行适老化改造。

4．完善老年友好交通服务

有条件的地区要在机场、火车站、汽车站、港口码头、旅游景区等人流密集场所为老年人设立等候区域和绿色通道，加大对老年人的服务力度，提供志愿服务，方便老年人出行。乘务和服务人员应为老年人提供礼貌友好的服务。

（三）适老健康支持环境

1．优化老年人就医环境

加强老年病医院、护理院、老年康复医院和综合医院老年科建设，推进基层老年医疗卫生服务网点建设，积极推进乡镇卫生院和村卫生室一体化管理，为老年人提供便利的就医环境。推进基层医疗卫生机构和医务人员与社区、居家养老结合，与老年人家庭建立签约服务关系，为老年人提供连续性的社区健康支持环境。鼓励医疗卫生机构与养老机构开展对口支援、合作共建，支持养老机构开展医疗服务，为入住老年人提供无缝对接的医疗服务环境。

2．提升老年健康服务科技水平

开展智慧家庭健康养老示范应用，鼓励发挥地方积极性开展试点，调动各级医疗资源、基层组织及相关养老服务机构、产业企业等方面力量，开展健康养老服务。研究制定鼓励性政策引导产业发展，鼓励运用云计算、大数据等技术搭建社区、家庭健康服务平台，提供实时监测、长期跟踪、健康指导、评估咨询等老年人健康管理服务。发展用于监测血糖、心率、脉搏等人体健康数据的生物医学传感类可穿戴设备（见图 4-2），开发适用于基层医疗卫生机构和社区家庭的各类诊疗终端和康复治疗设备。

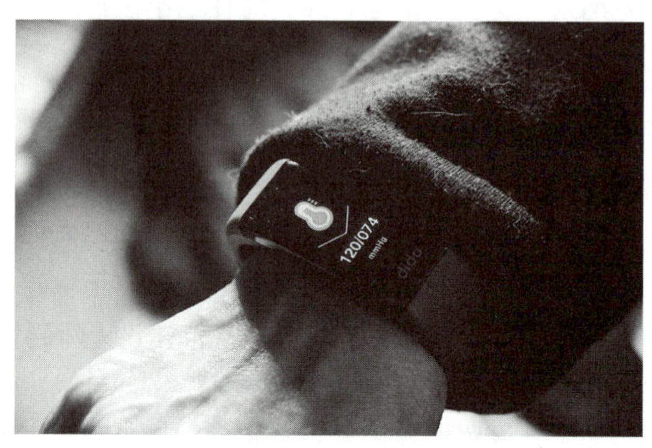

图 4-2　生物医学传感类可穿戴设备

（四）适老生活服务环境

1. 加快配套设施规划建设

在市政建设中，统筹考虑、统一规划、同步建设涉老公共服务设施，增强老年人生活的便利性。鼓励综合利用城乡社区中存量房产、设施、土地服务于老年人。优化老年人居家养老的社区支持环境，对养老机构、日间照料中心、老年人就餐点、老年人活动中心等各类生活服务设施与社区相关配套设施进行集约化建设，实现资源共享。

2. 加强公共设施无障碍改造

按照无障碍设施工程建设相关标准和规范，加强对银行、商场、超市、便民网点、图书馆、影剧院、博物馆、公园、景区等与老年人日常生活密切相关的公共设施的无障碍设计与改造。鼓励公共场所提供老花镜、放大镜等方便老年人阅读的物品，有条件的可配备大字触屏读报系统，使公共设施更适合老年人使用。

3. 健全社区生活服务网络

扶持专业化居家养老服务组织，不断开发服务产品，提高服务质量。广泛开展睦邻互助养老服务。依托社区自治组织，发挥物业管理企业及驻区单位的积极作用，向有需求的老年人提供包括基本生活照料在内的多种服务。发挥各类志愿服务组织的积极作用，引导社会各界开展多种形式的助老惠老志愿服务活动。

4. 构建适老信息交流环境

进行信息无障碍改造，提升通信设施服务老年群体的能力和水平，全面改善信息无障碍服务环境，消除老年人获取信息的障碍，缩小“数字鸿沟”。

5. 加强老年用品供给

着力开发老年用品市场，重点设计和研发老年人迫切需要的食品、日用品、康复护理用品、服饰、辅助生活器具、老年科技文化产品等。推进符合老年人特点的通用产品及实用技术的研发和推广。严格制定老年用品规范标准，加强监督管理。

6. 大力发展老年教育

结合多层次养老服务体系建设，改善基层社区老年人的学习环境，完善老年人社区学习网络。建设一批发挥示范作用的乡镇（街道）老年人学习场所和老年大学，努力提高老年教育的参与率和满意度。

（五）敬老社会文化环境

1. 营造老年社会参与支持环境

树立积极老龄观，倡导老年人自尊自立自强，鼓励老年人自愿量力、依法依规参与经济社会发展，改善自身生活，实现自我价值。以积极的态度看待老年人，破解制约老年人参与经济社会发展的法规政策束缚和思想观念障碍，积极拓展老年人力资源开发的渠道，为广大老年人在更大程度、更宽领域参与经济社会发展搭建平台、提供便利。

2. 弘扬敬老、养老、助老社会风尚

全社会积极开展应对人口老龄化行动，弘扬敬老、养老、助老社会风尚。开展“敬老养老助老”主题教育活动，弘扬中华民族孝亲敬老传统美德。开展老龄法规普法宣传教育，增强全社会依法保护老年人合法权益的意识，反对和打击对老年人采取任何形式的歧视、侮辱、虐待、遗弃和家庭暴力，引导律师、公证机构、基层法律服务所和法律援助机构深入开展老年人法律服务和法律援助工作。

3. 倡导代际和谐社会文化

巩固家庭养老的经济供养、生活照料和精神慰藉功能，完善家庭支持政策。加强家庭美德教育，开展寻找“最美家庭”活动和“好家风好家训”宣传展示活动。引导全社会增强接纳、尊重、帮助老年人的关爱意识，增强不同代际间的文化融合和社会认同，统筹解决各年龄群体的责任分担、利益调处、资源共享等问题，实现家庭和睦、代际和顺、社会和谐，为老年人创造良好的生活氛围。

情境回顾

老年人住宅适老化改造是老年宜居环境建设的重点内容，实施老年人居家适老化改造工程是国务院办公厅发布的《关于推进养老服务发展的意见》中部署的重要任务。

2020 年 7 月，民政部、国家发展改革委等部门联合发布《关于加快实施老年人居家适老化改造工程的指导意见》，提出“十四五”期间继续实施特殊困难老年人家庭适老化改造，有条件的地方可将改造对象范围扩大到城乡低保对象中的高龄、失能、残疾老年人家庭等。该文件还附带了老年人居家适老化改造项目和老年用品配置推荐清单，在“情境导入”中，周奶奶就选择了其中的地面改造、如厕洗浴设备改造等项目。

除了包括适老化改造在内的适老居住环境建设外，全国老龄办、国家发展改革委等部门联合发布的《关于推进老年宜居环境建设的指导意见》中还提出了适老出行环境、适老健康支持环境、适老生活服务环境、敬老社会文化环境等方面的老年宜居环境建设重点任务。

课后练习

查阅《无障碍环境建设法》，熟悉相关法律条款，并查找相关新闻，了解该法律的立法背景与意义。

任务二　了解老年宜居环境建设标准

情境导入

国庆节前夕，高大爷的女儿提议全家去北京旅游，家里其他人都很赞成，只有高大爷犹豫不决。原来，高大爷半年前因病偏瘫，行动不便，出门需要坐轮椅，他担心自己会拖累大家。高大爷的女儿看出了父亲的担忧，于是上网查找了无障碍环境建设的相关政策，并讲给高大爷听，打消了他的顾虑。

于是，高大爷一家乘坐高铁列车前往北京，开始了旅程。一上高铁列车，高大爷就在乘务员的引导与帮助下坐上了行动障碍者座椅。抵达北京后，高大爷坐着轮椅游览了北京各大景点，亲身体会了无障碍通道、轮椅坡道、无障碍电梯等无障碍设施的便利。

请思考：

（1）有哪些无障碍设计标准为高大爷的出行提供了保障？

（2）除了无障碍设计标准外，你还知道哪些老年宜居环境建设标准？

一、无障碍设计标准

无障碍环境建设是老年宜居环境建设的重点，我国出台了一系列建筑、公共交通、信息等领域的无障碍设计标准，为无障碍环境建设提供了指导与保障。

（一）建筑无障碍设计标准

在无障碍环境建设初期，我国就十分重视有关标准的制定工作。1989 年，行业标准《方便残疾人使用的城市道路和建筑物设计规范》（JGJ 50—1988）开始试行。该标准实施多年后，有关部门在总结实施经验的基础上，开展了修订工作，将标准名称调整为《城市道路

和建筑物无障碍设计规范》（JGJ 50—2001）。

为了提高标准的约束力，2009 年，该标准再次被修订，并被提升为国家标准，名称被调整为《无障碍设计规范》（GB 50763—2012）。该标准规范了无障碍设施的设计要求，以及城市道路、城市广场、城市绿地、居住区、居住建筑、公共建筑、历史文物保护建筑的无障碍设计、建设与改造要求。该标准中的若干条款为强制性条文。

2016 年 8 月，住房和城乡建设部发布《关于深化工程建设标准化工作改革的意见》，提出加快制定全文强制性标准，逐步用全文强制性标准取代现行标准中分散的强制性条文。2021 年 9 月，住房和城乡建设部发布《建筑与市政工程无障碍通用规范》（GB 55019—2021），该标准为全文强制性标准，自 2022 年 4 月 1 日起实施，《无障碍设计规范》（GB 50763—2012）中的相关强制性条文同时废止。

《建筑与市政工程无障碍通用规范》（GB 55019—2021）首次在国家标准中将无障碍设施分为无障碍通行设施、无障碍服务设施、无障碍信息交流设施三类，并对每类设施的技术要求分别做出了规定。例如，针对无障碍通行设施，规定了无障碍通道、轮椅坡道、无障碍出入口和门、无障碍电梯和升降平台、楼梯和台阶、扶手、无障碍机动车停车位（见图 4-3）和上/落客区、缘石坡道、盲道的技术要求；针对无障碍服务设施，规定了公共卫生间（厕所）和无障碍厕所，公共浴室和更衣室，无障碍客房和无障碍住房、居室，轮椅席位，低位服务设施的技术要求；针对无障碍信息交流设施，规定了标识和信息辅助服务设施的技术要求。

图 4-3　无障碍机动车停车位

相比过去发布的相关标准，《建筑与市政工程无障碍通用规范》（GB 55019—2021）提高了对无障碍设施的安全性和舒适性的要求。例如，该标准提高了对轮椅坡道坡度的要求，避免使用者在体力不支时出现安全隐患；提高了对轮椅坡道通行净宽的要求，保障各类轮椅均可正常通行；提高了对无障碍厕位尺寸的要求，方便轮椅进出和回转。该标准与旧标准中相关规定的对比如表 4-1 所示。

表 4-1 《建筑与市政工程无障碍通用规范》（GB 55019—2021）与旧标准中相关规定的对比

<table>
<tr><th colspan="2">项目</th><th>《建筑与市政工程无障碍通用规范》（GB 55019—2021）中的相关规定</th><th>旧标准中的相关规定</th></tr>
<tr><td colspan="2">无障碍通道</td><td>无障碍通道上有井盖、箅子时，井盖、箅子的孔洞宽度或直径不应大于 13 mm，条状孔洞应垂直于通行方向</td><td>室外通道上的雨水箅子的孔洞宽度不应大于 15 mm</td></tr>
<tr><td rowspan="2">轮椅坡道</td><td>坡度</td><td>纵向坡度不应大于 1∶12；当条件受限且坡段起止点的高差不大于 150 mm 时，纵向坡度不应大于 1∶10</td><td>坡道所提升的高度小于 300 mm 时，可以选择相对较陡的坡度，但坡度不得大于 1∶8</td></tr>
<tr><td>宽度</td><td>轮椅坡道的通行净宽不应小于 1.2 m</td><td>轮椅坡道的净宽度不应小于 1 m，无障碍出入口的轮椅坡道净宽度不应小于 1.2 m</td></tr>
<tr><td colspan="2">缘石坡道</td><td>缘石坡道的坡口与车行道之间应无高差</td><td>缘石坡道的坡口与车行道之间宜没有高差；当有高差时，高出车行道的地面不应大于 10 mm</td></tr>
<tr><td colspan="2">无障碍门</td><td>不应设挡块和门槛；门口有高差时，高差不应大于 15 mm，并应以斜面过渡，斜面的纵向坡度不应大于 1∶10</td><td>门槛高度及门内外地面高差不应大于 15 mm，并以斜面过渡</td></tr>
<tr><td colspan="2">无障碍电梯</td><td>新建和扩建建筑的电梯门开启后的通行净宽不应小于 0.9 m，既有建筑改造或改建的电梯门开启后的通行净宽不应小于 0.8 m</td><td>轿厢门开启的净宽度不应小于 0.8 m</td></tr>
<tr><td colspan="2">无障碍厕位</td><td>尺寸不应小于 1.8 m×1.5 m</td><td>尺寸不应小于 1.8 m×1 m</td></tr>
<tr><td colspan="2">轮椅席位</td><td>每个轮椅席位的净尺寸深度不应小于 1.3 m，宽度不应小于 0.8 m</td><td>每个轮椅席位的占地面积不应小于 1.1 m×0.8 m</td></tr>
</table>

此外，《建筑与市政工程无障碍通用规范》（GB 55019—2021）还规定，工程竣工验收时建设单位应组织对无障碍设施的系统性与其他相关性能进行检查验收，对竣工验收交付使用的无障碍设施应明确维护责任人，维护责任人应定期检查无障碍设施，确保其安全性、功能性和系统性符合要求。

（二）公共交通无障碍设计标准

1. 城市公用交通设施无障碍设计标准

2017 年发布并实施的《城市公用交通设施无障碍设计指南》（GB/T 33660—2017）规定了城市公用交通设施无障碍设计原则，即城市公用交通设施设计时应综合考虑机能障碍者的生理、心理特点及使用需求、习惯偏好等，使城市公用交通设施的功能、使用条件与这些人群的特征、需求相适应。根据该标准，交通标志、交通信号灯、人行道、人行横道、人行天桥、停车场、候车亭等主要城市公用交通设施的无障碍设计要求如表 4-2 所示。

表 4-2　主要城市公用交通设施的无障碍设计要求

城市公用交通设施	无障碍设计要求
交通标志	（1）交通标志要根据无障碍人员的通行需求合理设置，且应设置在行进方向最易发现、辨识的位置，不应被遮挡 （2）交通标志的设计应考虑视力障碍者出行的方便性，采用提高饱和度、对比度，加大字号和尺寸，缩短视距等方法设计文字和图形符号 （3）盲文提示牌应易于触摸和识别，盲文标志应采用国际通用的表示方法
交通信号灯	（1）交通信号灯宜配置便于出行的导向盲文铭牌及简单易懂的声音提示装置 （2）在机能障碍人群较多的地方，要综合考虑该类人群的安全通行时间设置信号灯的持续时间
人行道	（1）人行道的各种路口、出入口位置必须设置缘石坡道 （2）城市主要商业街、步行街的人行道和视觉障碍者集中区域周边道路应设置盲道，坡道的上下坡边缘处应设置提示盲道，各种出入口处设置的盲道应与道路盲道相衔接 （3）人行道设置台阶处应同时设置轮椅坡道，轮椅坡道应避免干扰行人的通行及其他设施的使用 （4）人行道应设置服务设施为机能障碍者提供出行方便
人行横道	（1）人行横道的宽度应满足轮椅通行需求 （2）人行横道安全岛的形式应方便轮椅使用者使用 （3）城市中心区及视觉障碍者集中区域的人行横道应配置过街音响提示装置
人行天桥	（1）人行天桥出入口处应设置提示盲道，距每段台阶起点与终点 250～500 mm 处应设置提示盲道 （2）在场地条件允许的情况下，人行天桥应尽可能设置坡道或无障碍电梯 （3）人行天桥坡道两侧应设扶手，扶手宜设上、下两层，扶手起点水平段宜安装盲文铭牌 （4）人行天桥下的三角区净空高度小于 2.00 m 时，应安装防护设施，并在防护设施外设置提示盲道
停车场	（1）无障碍停车位的位置应紧挨无障碍出入口，有无障碍标志 （2）停车场的无障碍出入口宜直接通向地面建筑内部或室外场地，与地面建筑的无障碍交通系统中的电梯、升降平台等相衔接 （3）对于存在高差的无障碍停放设施，宜根据需要设置起伏较小的坡道、电梯或升降平台等辅助设施 （4）停车场内的无障碍人行通道不宜跨越机动车道
候车亭	（1）站台的有效宽度应方便轮椅通行 （2）车道中间设置站台时，应考虑轮椅使用者的通行方便性 （3）站台应设置盲道提示信息 （4）应考虑候车亭盲道与人行道盲道的连接性 （5）宜设置盲文站牌或语音提示服务设施

2．轨道交通无障碍设计标准

2019 年发布并实施的《铁道客车及动车组无障碍设施通用技术条件》（GB/T 37333—2019）对铁道客车及动车组的无障碍设施的通用要求和技术要求做了详细的规定。例如，该标准规定，无障碍座车应设置行动障碍者座椅（见图 4-4），8 辆编组及以下的客车、动车组宜设 1 个，8 辆编组以上的客车、动车组宜设 2 个；无障碍卫生间内应设置 2 个呼叫按钮，下方的呼叫按钮应能让躺在地板上的行动障碍者轻易接触到；等等。

铁道客车及动车组的无障碍设施的通用要求

该标准填补了国内轨道交通无障碍设计规范的空白，对轨道交通装备无障碍设计具有指导意义。

图 4-4　行动障碍者座椅

3．机场无障碍设计标准

为全面推进民用机场客航站区无障碍环境建设，体现人文关怀，为全体社会成员出行创造便利的条件，中国民用航空局于 2009 年发布实施了《民用机场旅客航站区无障碍设施设备配置》（MH/T 5107—2009）。该标准在规范和指导全国民用机场旅客航站区无障碍设施设备配置，提升机场无障碍设施服务保障水平方面发挥了重要作用。

随着时代的发展及群众航空出行需求的增加，相关部门对该标准进行了修改完善，并于 2020 年发布实施了《民用机场旅客航站区无障碍设施设备配置技术标准》（MH/T 5047—2020）。新标准共分为 6 章，规范了民用机场各区域无障碍设施设备的通用性原则和要求，以及旅客航站区站前广场、旅客航站楼、登机桥与站坪设备的无障碍设施设备设计要求。

除了一般的无障碍设计要求外，《民用机场旅客航站区无障碍设施设备配置技术标准》（MH/T 5047—2020）还考虑了机场的特殊性并做了相关规定。例如，旅客航站楼内电梯运行繁忙，人员密集，考虑到轮椅使用者视线较低，不易观察电梯运行状态、电梯门开启方向、突发紧急事件等，该标准规定无障碍电梯轿厢内应安装镜子或采用镜面金属材料装饰，帮助轮椅使用者了解轿厢内的情况；旅客登机桥受飞机舱门高度、服务车道净高约束，坡度较陡，因此该标准规定要通过对地面进行防滑处理、设置双层扶手和坡度转折处提示等方式提高坡道的安全性。

（三）信息无障碍设计标准

信息无障碍的内涵包含两个层面：一是消除“数字鸿沟”，实现“信息平等”，让老年人、残疾人等能够方便地获取信息和使用信息；二是利用信息化的手段消除老年人、残疾人等在生活中遇到的各种障碍。

我国已发布实施了多个信息无障碍设计相关国家标准与行业标准，涵盖了基础通用类、互联网应用类、终端设备类、服务系统类等，如表 4-3 所示。这些标准为设计、研发信息无

障碍产品提供了技术支撑，也为行业监管提供了技术依据，有利于创造信息无障碍环境，促进特殊群体的信息无障碍沟通。

表 4-3 信息无障碍设计相关国家标准与行业标准

类别	标准编号	标准名称
基础通用类	GB/Z 36471—2018	《信息技术 包括老年人和残疾人的所有用户可访问的图标和符号设计指南》
	GB/T 36443—2018	《信息技术 用户、系统及其环境的需求和能力的公共访问轮廓（CAP）框架》
	GB/T 10001.9—2021	《公共信息图形符号 第 9 部分：无障碍设施符号》
	YD/T 2313—2011	《信息无障碍 术语、符号和命令》
互联网应用类	GB/T 29799—2013	《网页内容可访问性指南》
	GB/T 36353—2018	《读屏软件技术要求》
	GB/T 37668—2019	《信息技术 互联网内容无障碍可访问性技术要求与测试方法》
	GB/Z 41284—2022	《信息无障碍 网站设计无障碍评级测试方法》
	YD/T 2098—2010	《信息无障碍 语音上网技术要求》
	YD/T 1761—2012	《网站设计无障碍技术要求》
	YD/T 1822—2012	《网站设计无障碍评级测试方法》
	YD/T 3076—2016	《信息无障碍 视障者互联网信息服务辅助系统技术要求》
终端设备类	GB/T 26257—2010	《手柄电话助听器耦合技术要求和测量方法》
	GB/T 32632.2—2016	《信息无障碍 第 2 部分：通信终端设备无障碍设计原则》
	YD/T 2065—2009	《信息无障碍 用于身体机能差异人群的通信终端设备设计导则》
	YD/T 1890—2009	《信息终端设备信息无障碍辅助技术的要求和评测方法》
	YD/T 1643—2015	《无线通信设备与助听器的兼容性要求和测试方法》
	YD/T 3329—2018	《移动通信终端无障碍技术要求》
	YD/T 3694—2020	《移动通信终端无障碍测试方法》
服务系统类	GB/T 31015—2014	《公共信息导向系统 基于无障碍需求的设计与设置原则》
	YD/T 2097—2010	《信息无障碍 呼叫中心服务系统技术要求》
	YD/T 2099—2010	《信息无障碍 公众场所内听力障碍人群辅助系统技术要求》

政策引领

为“银发族”破解“数字困境”

“智能手机什么都好，就是很多功能我不会用”“使用26键输入法时，我手指头粗，经常按错”“一不小心就会点到广告，这些广告还不好关”“手机经常会自动安装一些软件”……面对各类互联网应用，不少老年人直言不便。相关调研组公布的调研报告显示，67.5%和58.3%的老年人认为手机字号、字间距不符合他们的生理状况，使他们难以看清文字；47.75%的老年人明确表示不太愿意学习使用新应用软件，很多老年人表示拒绝接触“非必需”软件。

近年来，国家有关部门陆续出台互联网适老化及无障碍改造方案，推动老年群体融入互联网，推进民生服务便利共享。2021 年 4 月，工业和信息化部办公厅发布《关于进一步抓好互联网应用适老化及无障碍改造专项行动实施工作的通知》，提出《互联网网站适老化通用设计规范》和《移动互联网应用（APP）适老化通用设计规范》，并要求互联网网站和移动互联网应用按照这两个规范，以及《信息技术 互联网内容无障碍可访问性技术要求与测试方法》（GB/T 37668—2019）等相关技术要求进行适老化及无障碍改造。

在政策引导下，不少互联网平台推出适老功能或模式。例如，2022 年 4 月，某移动通信软件上线“听文字消息”功能，用户开启该功能后点击文字消息即可听到语音，从而帮助有阅读困难的用户更好地享受数字化生活带来的便利；许多热门应用软件推出了“长辈模式”“大字版”“关怀版”等。截至 2022 年 6 月，工业和信息化部已组织完成对 452 个网站和应用软件的适老化、无障碍化改造和评测，帮助老年人和残障人士共享信息化成果。

资料来源：新华网，作者武慧敏，有改动

二、老年人宜居社区建设标准

老年人宜居社区是指具有舒适的适老居住环境、完善的养老服务设施，能够为老年人提供养老服务的社区。目前我国尚未出台老年人宜居社区相关的国家标准与行业标准，一些地区出台了相应的地方标准，如上海市的《老年宜居社区建设细则》（DB31/T 1023—2016）、广西壮族自治区的《老年人宜居社区建设规范》（DB45/T 1607—2017）、嘉兴市的《老年宜居社区建设规范》（DB3304/T 036—2018）等。下面以《老年人宜居社区建设规范》（DB45/T 1607—2017）为例，简要介绍老年人宜居社区建设的相关要求。

（一）选址与布局

1. 基本要求

老年人宜居社区应位于交通便利、日光充足、通风良好、基础设施完善、临近相关服务

设施、远离噪声源和污染源的地段。

一类老年人宜居社区（配备基本的公共养老服务设施，能为老年人提供生活照料、医疗护理、文体娱乐、居家服务等基本养老服务的居住社区）的养老服务设施应与社区医疗急救设施、体育健身设施、文化娱乐设施、供应服务设施、管理设施组成健全的生活保障网络系统。新建普通住宅区无障碍套型数量不应小于社区总户数的 5%。

二类老年人宜居社区（专为老年人规划建设的，养老设施完善的，并能提供生活照料、健康护理、医疗救助、文体娱乐等专业服务的综合性养老社区）宜设在气候适宜、空气污染指数不大于 100 的地区，且社区距二级综合医院不宜超过 20 km。应根据养老设施类别对社区进行合理布局，确保社区功能分区、动静分区明确，交通便捷流畅，标识系统明晰、连续。

2. 道路交通

老年人宜居社区内的道路系统应实行人车分流，除满足消防、疏散、运输等要求外，还应保证救护车通畅到达所需停靠的建筑物出入口。

社区内应设置无障碍通道，步行道路应采用防滑铺装材料。

社区内机动车道路应设置限速行驶标识（见图 4-5）和路面减速设施。

图 4-5 限速行驶标识

3. 场地设施

老年人宜居社区应为老年人提供健身和娱乐的活动场地，场地内应设置健身器材、座椅、阅报栏等，场地布局宜动静分区。场地所处位置应采光、通风良好，并避免烈日暴晒和寒风侵袭。场地坡度不应过大，高差较大的场地之间应以台阶连通，台阶处应同时设置轮椅坡道和扶手。场地内应设有完整、连贯、清晰、简明的标识系统，并配置在照度上满足老年人需求的照明设施。

社区内的无障碍机动车停车位宜设在地面临近建筑出入口处，无障碍机动车停车位数量不应少于机动车停车位总数的 5%。

老年人集中的室外活动场地附近应设置公共厕所，公共厕所内应配置无障碍厕位。

4. 绿化景观

一类老年人宜居社区的绿地率不应低于 30%，二类老年人宜居社区的绿地率不应低于 35%。社区绿化植物以乔木为主，不应种植带刺、有毒、根茎露出地面的植物。

（二）养老服务设施规划

1. 一类老年人宜居社区

一类老年人宜居社区的养老服务设施规划应满足以下要求：

（1）养老服务设施规划应根据社区性质、规模及老年人口情况综合确定，设施的功能应包括居家养老服务、日间照料服务、医疗服务、老年文体娱乐服务。

（2）养老服务设施规划满足社区内 15 分钟服务响应的要求。

（3）养老服务设施的面积不应小于 750 m^2。

（4）养老床位数不低于社区老年人口数的 3.5%。

（5）当养老服务设施可以与其他社区公共服务设施（如社区医疗站、社区服务中心）共用功能用房时，可不再单独设置相应的功能用房。当社区内或周边已建有老年公寓、养老院、老年护理院等养老机构，且其服务半径满足规定时，该社区可不再设置养老服务设施。

（6）老旧社区改造后，其养老服务设施规模不应低于相应指标的 70%。

2. 二类老年人宜居社区

二类老年人宜居社区的养老服务设施规划应满足以下要求：

（1）社会养老床位数应大于 500 张。单间套型每间养老床位数不应大于 2 张，多房套型每间卧室养老床位数不应大于 2 张。

（2）社区医疗服务设施规划应符合卫生医疗相关规定。

（3）社区公共服务设施建筑面积不应小于社区总建筑面积的 20%，社区公共服务设施主要包括老年文体娱乐设施、医疗服务设施、商业服务设施、综合管理设施等，其配建内容与要求如表 4-4 所示。

表 4-4　二类老年人宜居社区公共服务设施配建内容与要求

设施类别		配建内容	配建要求
老年文体娱乐设施	老年休闲娱乐设施	棋牌室、多功能厅、舞蹈室、书画室等	人均建筑面积不低于 10 m^2
	老年文化教育设施	老年大学、图书馆、文化交流中心等	
	老年康体运动设施	康复运动室、健身房等	
医疗服务设施		医疗康复中心	医疗床位数不低于社区养老床位数的 4%
商业服务设施		便利商店、社区食堂等	满足老年人日常生活需求
综合管理设施		信息管理处、社区居家服务管理处、后勤保障处等	社区居家服务管理处应具备完善的网络服务平台，满足社区 15 分钟服务响应要求

（三）建筑设计

1. 基本规定

应对一类老年人宜居社区内有失能、失智、伤残老年人生活的普通住宅进行生活设施改造，与老年人日常生活密切相关的建筑公共部分应配备无障碍设施。

建筑的耐火等级不应低于二级，建筑所选用的各种设备应满足功能适用、运行安全、维修方便等要求，进行建筑设计时应为户内可能采用的机电设备预留合理的安装条件。

建筑出入口、走廊、楼梯、电梯厅，居住空间内的墙、柱、设备、家具等表面不应有尖锐突出物，转角处应做成圆角或圆弧切角，或安装护角。轮椅坡道、出入口台阶、公共走廊、楼梯两侧应设有扶手。

老年人居住建筑不应超过 18 层。新建老年人居住建筑应根据老年人的生理特点一次装修到位。

老年人的卧室、起居室、休息室和亲情居室不应设置在地下室或半地下室，不应与电梯井、设备机房等贴邻布置。

2. 建筑出入口

建筑首层主要出入口应按无障碍出入口设计，地面平整、防滑，门前平台与室外地面高差不宜大于 0.3 m。

建筑主出入口应采用平开门，净宽不小于 1.5 m，净高不小于 2.1 m，门扇开启端的墙垛宽度不应小于 0.4 m。门内外应有不小于 1.5 m×1.5 m 的轮椅回转空间。

3. 公用走廊

老年人居住建筑公用走廊的净宽不应小于 1.5 m，老年人公共建筑通过式走廊净宽不应小于 1.8 m。公用走廊内部及相邻部位间的地面应平整无高差，走廊地面应使用耐磨、防滑、防反射的材料。走廊墙面应设明确的标识说明楼层、房间号、疏散方向等信息，墙面 1.8 m 以下不应有影响通行的突出物。

4. 楼梯

建筑不应采用螺旋楼梯或弧线楼梯。老年人居住建筑的楼梯踏面宽度不应小于 0.28 m，踢面高度不应大于 0.16 m。同一梯段的踏步高度、宽度应一致，不应设置非矩形踏步或在休息平台区设置踏步。楼梯起终点处应采用不同颜色、不同材料加以区别楼梯踏步和走廊地面。

5. 电梯

2 层及 2 层以上的建筑应配置无障碍电梯，其中老年人居住建筑应配置可容纳担架的电梯或病床专用电梯。12 层及 12 层以上的老年人居住建筑每单元电梯数量不应少于 2 台。

候梯厅深度不应小于 1.8 m。

6. 安全疏散

出入口、公用走廊、楼梯间、候梯厅和门厅等公共空间均应设置疏散导向标识（见图 4-6）、应急照明装置、音频呼叫装置等辅助逃生装置，这些装置还应与消防监控系统相连。

图 4-6　疏散导向标识

7. 轮椅席位

设有听众席、观众席的建筑应设置轮椅席位，数量不少于总席位数的 5%。轮椅席位应设在便于到达的疏散通道附近。轮椅席位的地面应平坦，边沿处应安装栏杆或栏板。

8. 套内空间

老年人居住建筑应按套型设计，套型内设置卧室、起居室（厅）、厨房、卫生间等基本功能空间。提供集中餐饮服务的老年人公寓的套型内应设置卧室、起居室（厅）、卫生间和电炊操作间等基本功能空间。各功能空间应按照无障碍设计，满足轮椅通行需求。

老年人居住建筑的户门应采用平开门，净宽不小于 1.1 m，高度不小于 2.1 m；户内过道净宽不小于 1.2 m；阳台出入应满足轮椅通行需求，阳台与室内地面高差不大于 15 mm，阳台栏杆或栏板净高不低于 1.1 m。

（四）建筑设备

1. 给水与排水设备

老年人居住建筑应充分利用市政水压直接供水，当不具备市政供水条件时应自备供水源，水质应符合国家生活饮用水卫生标准。

老年人居住建筑的热水供应系统应有防烫伤措施，冷热水管道应有明显标识，用水点的热水供水温度不宜高于 50℃；水龙头和淋浴器宜采用杠杆式单把龙头与恒温阀；宜采用软管淋浴器，与花洒相连的金属软管长度不宜小于 1.5 m。

建筑内应选用节水型低噪声的卫生洁具和给排水配件、管材。公用卫生间内宜采用便于操作的触摸式或感应式水龙头、便器冲洗装置。

2. 采暖与通风设备

社区养老服务设施建筑宜设置供暖设施，老年人居住建筑宜配置冷暖空调。当设置集中空调系统时，应设置新风系统。

3. 电气设备

建筑的出入口雨篷板底或门口侧墙应设置灯光照明。每套（间）房间宜单独设置电能表和配电箱，配电箱内宜设电源总开关并带自恢复欠压、过压保护功能。各部位电源插座均应采用安全型插座，普通插座安装高度宜为 0.6～0.8 m。照明开关应选用带夜间指示灯的宽板防漏电式按键开关，安装高度宜为 1.1 m。卧室至卫生间的过道内应设嵌装脚灯，脚灯安装高度宜为 0.4 m。公共走道内宜设清扫插座，清扫插座间的距离不宜超过 15 m。

老年人居住建筑户内厨房应设燃气泄漏报警装置。

4. 信息智能化设备

建筑的出入口、走廊、楼梯、电梯厅、活动室等老年人公共活动空间应设安全监控设备终端和紧急救助报警装置，呼叫信号直接送至监控中心。

老年人居住建筑内的起居室、卧室、卫生间及公共卫生间厕位旁应设紧急报警求助按钮，紧急报警求助按钮宜有明显的标注，并采用按钮和拉绳结合的触发方式，拉绳末端距地面不宜高于 0.3 m。

各楼栋或单元应设访客对讲系统，访客对讲系统应与社区监控中心主机联网。

社区应设置居家养老服务平台并能提供上门服务。

（五）室内装饰

1. 色彩图案

装饰色调应采用高明度、低纯度的亮暖色。不应使用过于复杂、容易引起视觉错觉的图案。交界处的色彩应界限鲜明、协调统一。室内应采用连续色彩与标识设计，且色彩柔和温暖，标识应字体醒目、图案清晰、易于识别。便器与洗漱盆应使用纯白色。

2. 材质

不应采用易燃、易碎、散发有毒有害气体的材料及化纤材料。地面材质应防滑、耐磨、易清洁、安全、舒适，居室地面宜使用硬质木料或有弹性的塑胶材料。墙面、洁具、灯具等的材质应耐脏、易清洁、安全。

3. 造型

天花板、墙面、灯具、家具等的造型应简单大方。推拉式门的下部轨道应嵌入地面，与地面齐平。把手部件应采用棒状，不宜采用球状。台盆台面应设挡水边，台盆下部留空时，留空高度不小于 0.6 m，深度不小于 0.3 m。

创建老年友好型社区，提供多样化养老服务

一大早，大黄村的村医刘某就来到村民陈奶奶家巡诊。陈奶奶今年 72 岁，不仅患有高血压、糖尿病，还有间歇性精神障碍，外出不便。测完血压、血糖、血氧，刘某又询问了陈奶奶近期的身体和精神状况。“陈奶奶，指标还行，但是降压药还是得按时吃。另外，精神类的药物不要随便停……”刘某耐心嘱咐。

大黄村有 600 多名老年人，其中腿脚不便的超过 30 人。“针对这些老年人，我们根据情况上门巡诊。有些老年人需要长期服药和监测，我基本每个月上门一次。”刘某说。能为老年人提供便捷优质的健康服务，是大黄村入选安徽省 42 个 2022 年全国示范性老年友好型社区的重要原因。

傍晚，家住屏山社区的76岁老人张某不想出门就餐。他点开手机应用，选择“养老服务”，擦身、剪指甲、房屋打扫、助餐等服务一目了然。张某点击“助餐”，选择补贴券支付……很快，荤素搭配的盒饭就送到了，还冒着热气。“这个应用确实方便，我经常在上面购买助餐、打扫等服务。”张某说。

2022年入选全国示范性老年友好型社区的屏山社区，是福州市典型的老年社区，60岁以上老年人的数量占社区总人口数的24%以上。“我们主动对接提供餐、医、养、康等‘六助一护’服务，满足居家老年人多样化的需求，引导老年人在社区参与各类活动，实现老有所为、老有所乐。”屏山社区所在街道的党委书记介绍说。

2022年，国家卫生健康委、全国老龄办确立了999个社区为2022年全国示范性老年友好型社区，这些社区的老年人居住环境明显改善，为老服务水平有效提升，增进了老年人在社区生活的获得感、幸福感和安全感。2023年2月，国家卫生健康委、全国老龄办发布《关于开展2023年全国示范性老年友好型社区创建工作的通知》，明确2023年将创建1 000个全国示范性老年友好型社区；到2025年，我国将建成5 000个示范性城乡老年友好型社区；到2035年，我国将实现全国城乡老年友好型社区全覆盖。

资料来源：《人民日报》2023年03月24日19版，
作者申少铁、徐靖、申智林、刘晓宇，有改动

情境回顾

《无障碍环境建设法》第十二条第一款规定：“新建、改建、扩建的居住建筑、居住区、公共建筑、公共场所、交通运输设施、城乡道路等，应当符合无障碍设施工程建设标准。”我国出台了强制性国家标准《建筑与市政工程无障碍通用规范》（GB 55019—2021），为建筑无障碍设计提供了保障。此外，我国还出台了一系列指导、保障公共交通无障碍设计、信息无障碍设计的国家标准与行业标准，如《铁道客车及动车组无障碍设施通用技术条件》（GB/T 37333—2019）、《移动通信终端无障碍测试方法》（YD/T 3694—2020）等。

除了无障碍设计标准外，一些地区还出台了老年人宜居社区建设地方标准。例如，广西壮族自治区出台了《老年人宜居社区建设规范》（DB45/T 1607—2017），规范了老年人宜居社区的选址与布局、养老服务设施规划、建筑设计、建筑设备、室内装饰等，为老年人宜居社区建设提供了约束与指导。

课后练习

（1）查阅老年宜居环境建设相关国家标准、行业标准，以及你所在地区发布的相关地方标准，熟悉相应条款。

（2）根据相关标准评估你所在学校或社区的适老性，并针对不足之处提出改进建议。

学习成果检测

1．填空题

（1）我国第一部就无障碍环境建设制定的专门性法律是____________________。

（2）老年宜居环境建设的重点任务在于适老居住环境、______________、______________、______________与______________的建设。

（3）《建筑与市政工程无障碍通用规范》（GB 55019—2021）首次在国家标准中将无障碍设施进行分类，将其分为________________、________________、________________三类，并对每类设施的技术要求分别做出了规定。

（4）根据《铁道客车及动车组无障碍设施通用技术条件》（GB/T 37333—2019），8 辆编组及以上的客车、动车组宜设_____个行动障碍者座椅。

2．单项选择题

（1）2012 年，新修订的（　　）专门增加“宜居环境”章节，从法律层面确立了老年宜居环境建设的必要性，并为老年宜居环境建设提供了法律保障。

A．《宪法》　　B．《老年人权益保障法》

C．《民法典》　　D．《刑法》

（2）根据《建筑与市政工程无障碍通用规范》（GB 55019—2021），轮椅坡道的通行净宽不应小于（　　）m。

A．1.0　　B．1.2　　C．1.5　　D．1.8

（3）根据《铁道客车及动车组无障碍设施通用技术条件》（GB/T 37333—2019），列车上的无障碍卫生间内应设置（　　）个呼叫按钮。

A．1　　B．2　　C．3　　D．4

（4）《老年人宜居社区建设规范》（DB45/T 1607—2017）中规定，老年人居住建筑不应超过（　　）层。

A．6　　B．12　　C．18　　D．33

3．判断题

（1）2011 年 9 月，国务院发布《中国老龄事业发展“十二五”规划》，提出建立健全老年宜居环境体系，将老年宜居环境建设纳入国家规划。（　　）

（2）根据最新强制性国家标准，每个轮椅席位的占地面积不应小于 1.1 m×0.8 m。（　　）

（3）根据相关国家标准，人行天桥坡道两侧应设扶手，扶手宜设上、下两层，扶手起点水平段宜安装盲文铭牌。（　　）

（4）老年人宜居社区选址应位于交通便利、日光充足、通风良好、基础设施完善、临近相关服务设施、远离噪声源和污染源的地段。 （　　）

4. 简答题

（1）如何营造老年社会参与支持环境？

（2）相比过去发布的相关标准，《建筑与市政工程无障碍通用规范》（GB 55019—2021）在哪些方面提高了对无障碍设施的安全性和舒适性的要求？

（3）信息无障碍的内涵有哪些？

学习成果评价

请进行学习成果评价，并将评价结果填入表 4-5 中。

表 4-5　学习成果评价表

班级				日期	
姓名		学号		指导教师	
项目名称	老年宜居环境建设				
评价项目	评价内容	分值	自我评分	教师评分	
理论知识（40%）	老年宜居环境建设的内涵	5			
	老年宜居环境建设的法律保障	5			
	老年宜居环境建设的重点任务	10			
	无障碍设计标准	12			
	老年人宜居社区建设标准	8			
实践技能（40%）	能够察觉公共环境中容易对老年人及其他弱势群体造成不便的地方，并提出改进建议	20			
	能够按照相关标准对某地区、某设施或某产品的适老性进行评估	20			
综合素养（20%）	具备良好的学习态度	5			
	积极、主动参加实践活动	5			
	关爱生活中的弱势群体，主动为其提供帮助	10			
合计		100			
总分（自我评分×40%+教师评分×60%）					
自我评价					
教师评价					

项目五
老年人参与社会发展

项目引言

随着我国老年人口规模不断扩大，老年人口占总人口的比例持续提高，老年人的社会参与越来越受重视。养老服务从业人员应当熟悉老年人参与社会发展的相关政策，深入了解老年人参与社会发展的主要领域，以便为老年人参与社会发展提供必要的支持。此外，养老服务从业人员还应对我国的老年教育体系有所了解，协助有需要的老年人接受再教育，满足老年人的精神需求。

知识目标

- 熟悉老年人参与社会发展的内涵与相关政策。
- 了解老年人参与社会发展的个人意义与社会意义。
- 认识老年人参与社会发展的主要领域。
- 了解老年教育的内涵与意义。
- 了解老年教育体系建设。

素质目标

- 了解老年人参与社会发展的需求，主动关心老年人的精神生活。
- 通过学习老年教育的相关知识，树立终身学习的意识。

任务一　了解老年人参与社会发展

情境导入

王大叔是单位里的技术骨干，还有几个月就要退休了。王大叔感觉自己身体还很好，不想在退休后过无所事事的日子，想凭借自己的能力为社会发展做一些力所能及的贡献。但他不知道自己退休后能做什么，因此感到十分迷茫。

请思考：

（1）老年人参与社会发展有哪些意义？

（2）王大叔在退休后可以怎样为社会发展做贡献？

一、老年人参与社会发展的内涵与相关政策

老年人参与社会发展是指老年人参加或从事有助于社会发展的活动。老年人拥有丰富的阅历和经验，并积累了丰富的知识和技能，在促进社会发展中可以发挥其他群体不可替代的作用。此外，通过参与社会发展，老年人也可以充实个人生活，实现人生价值。

国际社会早已认识到老年人参与社会发展的重要性。1982 年召开的联合国第一届老龄问题世界大会指出，政策的制定者和研究者，以及大众传播媒介和一般群众，应当彻底转变观念，以便认识到如今的老龄问题不仅仅是为老年人提供保护和照顾的问题，也是老年人参与和参加的问题。1991 年联合国大会通过的《联合国老年人原则》中提出，老年人应始终融于社会，积极参与制定和执行直接影响其福祉的政策，并将其知识和技能传给子孙后辈；老年人应能寻求和发展为社会服务的机会，并以志愿工作者身份担任与其兴趣和能力相称的职务；老年人应能组织老年人运动或协会。

我国政府也历来重视和关心老年人参与社会发展，早在 20 世纪 80 年代，我国就制定了一些促进老年人参与社会发展的相关政策。例如，中共中央办公厅、国务院办公厅于 1986 年 10 月转发了《关于发挥离休退休专业技术人员作用的暂行规定》，该文件提出“各单位因工作需要，可以聘请离休、退休专业技术人员从事讲学、翻译、指导研究、人才培训、技术开发和技术咨询服务等专业技术活动”。

1994 年 12 月，我国出台了第一部全面规划老龄工作和老龄事业发展的重要指导性文件——《中国老龄工作七年发展纲要（1994—2000 年）》，其中提出要实现老有所为，发挥老年人作用，鼓励、支持低龄和健康老年人在自愿、量力的前提下参与社会发展。

1996 年通过并施行的《老年人权益保障法》将“参与社会发展”列为专章，进一步从法律层面确立了老年人参与社会发展的权利。经过修订与多次修正后，《老年人权益保障法》中“参与社会发展”一章的内容由 3 条增加到 7 条，其中明确指出：“国家和社会应当重视、珍惜老年人的知识、技能、经验和优良品德，发挥老年人的专长和作用，保障老年人参与经济、政治、文化和社会生活。”

在法律的指导与保障下，我国进一步搭建和完善促进老年人参与社会发展的平台。2021 年 11 月，中共中央、国务院发布《关于加强新时代老龄工作的意见》，其中提出了扩大老年教育资源供给、提升老年文化体育服务质量、鼓励老年人继续发挥作用等促进老年人社会参与的措施。2022 年 2 月，国务院发布《“十四五”国家老龄事业发展和养老服务体系规划》，提出了创新发展老年教育、鼓励老年人继续发挥作用、丰富老年人文体休闲生活等践行积极老龄观的措施。

践行积极老龄观的措施

二、老年人参与社会发展的意义

（一）个人意义

老年人参与社会发展对老年人的个人意义有丰富个人生活、保持身体健康、满足精神需求等。

1. 丰富个人生活

许多老年人在退休后，缺少了与社会联系的纽带，生活变得单调、封闭。而参与社会发展是老年人接触社会、进行人际交往、保持社会联系的重要途径。在参与社会发展的过程中，老年人可以充分培养自己的兴趣爱好，建立新的人际关系，使晚年生活更加丰富、充实。

2. 保持身体健康

参与社会发展过程中的肢体活动、脑力劳动可以使老年人的身体机能、认知能力等得到锻炼，对老年人的生理、心理健康都有很大的好处。此外，在参与社会发展过程中，老年人有更多的机会可以与他人交流、向他人倾诉、从他人处获取安慰或建议，这有利于老年人保持心理健康。

3. 满足精神需求

根据马斯洛需求层次理论，自我实现需求是最高层次的需求。与青年人相比，老年人拥有更多的自由时间，生活压力也较小，可以将更多的精力投入自我实现活动中。通过参与社会发展，尤其是参与志愿服务（见图 5-1）等，老年人可以找到个人的社会价值与人生的意义，满足自我实现需求。

图 5-1　老年人参与志愿服务

（二）社会意义

随着人均寿命的提高，许多老年人仍然有能力、有精力为社会发展做贡献。如果能够有效发掘老年人力资源，引导更多的老年人参与社会发展，不仅能充分发挥专业技术型人才的作用，增加我国劳动力供给，还有助于减轻社会的养老负担，对我国积极应对人口老龄化具有重要意义。

“银发”就业或成新常态

2022 年 8 月，由中国老龄协会老年人才信息中心主办的“中国老年人才网”正式上线，标志着我国老年人才信息库和老年人才信息服务平台正式启动建设。该网站上线 2 天，就吸引了 5 000 多名求职者、100 多家企业注册。一时间，老年人再就业成为社会热点话题。

50 多岁的陈女士虽然离退休还有几年，但她已经开始为退休再就业做起打算。她说：“不是因为经济压力，而是因为不想天天在家闲着。我觉得自己一点都不老，想找点有意义的事做，让生活丰富起来。”陈女士说，身边很多朋友退休后都找了工作，在他们看来，老年人再就业是一种丰富晚年生活、充实自我的方式，不仅可以发挥余热，也能缓解社会的养老压力。

许多从事养老服务的社会组织负责人表示，他们平时在社区中接触的老年人很多都表达了再就业的意愿。其中，有一部分人是因为家庭经济原因，希望获取收入。对于这些老年人，一些社区牵手社会组织、共建单位，对接就业需求。例如，某社区成立了“蚂蚁工坊”灵活增收平台，吸纳老年居民利用空闲时间做简单的手工活。“社区为我们找零活儿，还请师傅上门教。简单的手工活一学就会，掌握这些手工活，既能在需要的时候

使用，又能赚钱贴补家用，给生活增添保障。”“蚂蚁工坊”的第一批“员工”李阿姨说。

某养老服务公司的董事长刘某明确表示，公司欢迎老年人的加入，因为在康养行业，老年人有独特的优势。“老年人比年轻人更懂得养老服务的重要性，也更明白客户需要什么，在为客户介绍服务和产品时，有自己独到的见解。只要把老年人放到适合的岗位上，他们就能释放更大的能量，为企业创造更大的价值。”刘某说。

专家表示：“随着我国老龄化程度加深，老年人再就业将成为一种新常态，应得到全社会的重视。需进一步清除体制机制障碍，把老年人再就业纳入公共服务体系中。”专家还建议，应通过完善制度设计、健全政策体系，提高老年人社会参与的积极性与便利度，充分鼓励有意愿且具备相应能力的老年人继续服务社会。

资料来源：《天津日报》2022 年 10 月 8 日 06 版，作者张雯婧、姜凝、王音，有改动

三、老年人参与社会发展的主要领域

根据《老年人权益保障法》中的相关规定，老年人参与社会发展的主要领域包括经济生活、政治生活、文化生活和社会生活等。

（一）经济生活

《老年人权益保障法》第六十九条提出了鼓励老年人从事的若干活动，其中属于经济生活领域的有：提供咨询服务、依法参与科技开发和应用、依法从事经营和生产活动。

1. 提供咨询服务

老年人不仅有着丰富的生活经验，在长期的职业活动中也积累了丰富的专业知识与技能，可以为各行业的设计、生产、经营、决策等活动提供指导与建议。老年人可以通过向企业、个人提供咨询服务来参与经济生活。

2. 依法参与科技开发和应用

在遵守相关法规的前提下，有能力的老年人可以进行科学研究、科技产品开发和推广应用等，并获取相应的回报。

3. 依法从事经营和生产活动

依法从事经营和生产活动是老年人参与经济生活的主要途径。无论是在农村还是在城镇，都有大量的老年人从事零售、服务、农作物种植（见图 5-2）、牲畜养殖、农副产品加工等经营和生产活动。老年人依法从事经营和生产活动，不仅可以缓解个人经济压力，也有助于解决人口老龄化造成的劳动力资源不足等问题，促进社会经济发展。

图 5-2　老年人从事农作物种植

（二）政治生活

参与政治生活是宪法赋予包括老年人在内的所有公民的权利。根据宪法和法律规定，老年人享有的政治权利主要包括选举权和被选举权，言论、出版、集会、结社、游行、示威的自由，对任何国家机关和国家工作人员提出批评和建议的权利，对任何国家机关和国家工作人员的违法失职行为提出申诉、控告或检举的权利，等等。老年人参与政治生活的过程就是实现和维护自身政治权利的过程。

小提示

《老年人权益保障法》第六十八条规定："制定法律、法规、规章和公共政策，涉及老年人权益重大问题的，应当听取老年人和老年人组织的意见。老年人和老年人组织有权向国家机关提出老年人权益保障、老龄事业发展等方面的意见和建议。"

（三）文化生活

老年人参与的文化生活领域的活动主要有对青少年和儿童进行优良传统教育、传授文化和科技知识、接受教育、从事文体娱乐活动等。

1．对青少年和儿童进行优良传统教育

《老年人权益保障法》鼓励老年人对青少年和儿童进行社会主义、爱国主义、集体主义和艰苦奋斗等优良传统教育。青少年和儿童正处于接受教育的关键时期，引导他们形成正确的世界观、人生观、价值观，传承优良传统，是包括老年人在内的每一位社会成员的责任。老年人可以结合自身经历与经验，通过言传身教、著书立说等方式为青少年和儿童优良传统教育贡献自己的力量。

2．传授文化和科技知识

老年人经过长期实践，见证了文化和科技的发展，积累了丰富的文化和科技知识。传授这些知识，既是老年人所肩负的社会责任，也是老年人实现个人价值的重要方式。老年人可以通过组织讲座、发表文章、进行技术指导等方式传授文化和科技知识。

搭建老有所为平台，助力教育强国建设

2023 年 8 月，教育部等十部门联合发布《国家银龄教师行动计划》，旨在搭建国家层面老有所为平台，挖潜退休教师资源优势，发挥其有益补充、示范引领作用，推动建设全民终身学习的学习型社会、学习型大国，加快建设教育强国。

国家银龄教师行动计划是对先前相关试点探索计划的扩充与延伸。教育部于 2018 年启动实施中小学银龄讲学计划，2020 年启动实施高校银龄教师支援西部计划，累计招募 20 000 余名中小学退休教师，近 1 000 名“双一流”建设高校退休教师开展支教支研，既发挥了退休教师余热，又提升了受援校、受援地教育发展水平，形成了多赢的良好局面，有基础、有条件在新形势下实现优化升级，发挥综合效益。

《国家银龄教师行动计划》提出，要将退休教师作为重要的人力资源，搭建国家层面老有所为的广阔平台，全方位推动退休教师参与各级各类教育工作；鼓励乐于从教、有一技之长的退休人员开展支教支研，引导全社会共同参与支持；发挥银龄教师在教育引导和关爱保护青少年方面的优势作用，打造银龄教师特色品牌，为广大青少年树立精神标杆，涵养青少年家国情怀，铸牢中华民族共同体意识。

资料来源：教育部官网，有改动

3．接受教育

接受教育是宪法和法律赋予每个公民的权利。《宪法》第四十六条第一款规定：“中华人民共和国公民有受教育的权利和义务。”《中华人民共和国教育法》第九条规定：“中华人民共和国公民有受教育的权利和义务。公民不分民族、种族、性别、职业、财产状况、宗教信仰等，依法享有平等的受教育机会。”通过接受教育，老年人可以增长知识、愉悦身心，并提高服务社会的能力，更好地投入社会发展活动中。

4．从事文体娱乐活动

《老年人权益保障法》第七十二条规定：“国家和社会采取措施，开展适合老年人的群众性文化、体育、娱乐活动，丰富老年人的精神文化生活。”老年人是参加文体娱乐活动的主体之一，老年人积极参与文化、体育、娱乐活动，能够促进身心健康，提高生活质量。

（四）社会生活

老年人参与的社会生活领域的活动主要有参加志愿服务、兴办社会公益事业，参与维护社会治安、协助调解民间纠纷等。

1．参加志愿服务、兴办社会公益事业

志愿服务是指个人或非政府组织基于道义、良知、慈善和责任而自愿奉献时间和精力，不以物质报酬为条件，利用自身的知识、技能或财力，为社会及他人尤其是困难群体提供各

种形式的公益性服务行为和活动。老年人有更多的闲暇时间，对社会环境有更加深刻的认识，可以在志愿服务和社会公益事业中发挥独特的价值。老年人可以以个人或组织的形式参与环境保护、扶贫济困、医疗护理、法律援助等志愿服务，有能力的可以通过兴办社会公益事业，促进社会发展，满足自身精神需求。

2. 参与维护社会治安、协助调解民间纠纷

老年人可以在自己的能力范围内参与群众性治安保卫活动，如社区、工厂、学校等地的治安保卫工作、安全教育与宣传工作、公共秩序维护工作、灾害防治工作等。此外，老年人有着较广的人际关系网络与较为丰富的人际交往经验，可以在协助调解家庭纠纷、邻里纠纷等民间纠纷上发挥重要的作用。

退休不退志，夕阳更生辉

在山东省宁阳县，流传着这样一句话："无论你在哪里，只要看到奉阁的标志，就找到家了。"奉阁志愿团是一个以退休机关干部、退休教师和其他退休职工等社区老年群众为主要成员的公益志愿者组织，志愿团里的老同志们，以"学习雷锋，日行一善"为宗旨，退休不退志，充分发挥自己的优势，挥洒着余热。

每天早晨六点，团员们都会准时出现在社区里义务打扫卫生，春去秋来、寒来暑往，这一干就是十几年。不仅如此，他们还担任起社区的"大管家"，研究设立了相应的岗位，如"治安巡查员""环境保洁员""交通安全劝导员""矛盾调解员""红白理事会员"等，大家自愿认领岗位，自觉到岗到位。无论是水电维修，还是治安调解，在社区的各项工作中，在居民生活的点点滴滴中，都能看到他们忙碌的身影。

团员们都有个习惯，就是口袋里要揣着本子和笔，以便随时记录从各个渠道得知的那些需要帮助的人的信息，一经核实，就立即提供帮助。此外，志愿团还专门成立了慈善基金会，面向社会济贫扶困。从身边的困难家庭、留守儿童，到患重病的陌生人，全国各地很多人都得到过他们的帮助。据不完全统计，多年来奉阁志愿团累计募捐了 20 多万元用于公益事业。

志愿团还组建了艺术团，围绕党的政策、经济发展情况、社会新风尚等，自创文艺节目，到广场、社区、敬老院等地进行公益演出。他们的演出形式活泼多样，内容健康新颖，广受群众的喜爱。他们还成立了老年人活动站，免费开展健身操、太极拳等体育健身活动，极大丰富了老年人的生活。

如今，越来越多的年轻人被志愿团里的老同志们无私奉献的高尚品格所激励、所感召，接过他们手中的"雷锋"接力棒，用真诚、炽热的爱心继续为人民服务。

资料来源：宁阳县人民政府官网，有改动

情境回顾

老年人参与社会发展对个人和社会都有很大的意义。对个人来说，老年人参与社会发展可以丰富个人生活，保持身体健康，满足精神需求；对社会来说，老年人参与社会发展可以增加我国劳动力供给，减轻社会的养老负担。

《老年人权益保障法》第六十九条提出了一系列鼓励老年人从事的活动，包括对青少年和儿童进行社会主义、爱国主义、集体主义和艰苦奋斗等优良传统教育，传授文化和科技知识，提供咨询服务，依法参与科技开发和应用，依法从事经营和生产活动，参加志愿服务、兴办社会公益事业，参与维护社会治安、协助调解民间纠纷，等等。在“情境导入”中，王大叔可以通过参与这些经济生活、政治生活、文化生活、社会生活等领域的活动，为社会发展做出贡献。

课后练习

搜集你所在地区发布的老年人参与社会发展相关政策，将其分类整理，并与同学分享。

任务二　了解老年教育体系

情境导入

2023 年 3 月 3 日，国家老年大学正式挂牌成立。3 月 20 日，在国家老年大学北京魏公村校区的线下第一课上，“识谱与歌唱”课程的教室里座无虚席，40 余名中老年学员聚精会神地听讲。

来自河北的赵大爷专程坐公交车和地铁来到该校区学习，为的是圆自己的唱歌梦。在课堂上，赵大爷认真记笔记，积极互动。“小时候家庭经济条件有限，年轻时又忙于工作，没机会专门学习唱歌，现在终于能够弥补遗憾了！”赵大爷激动地表示。

国家老年大学采用线上线下相结合的教学方式，除了线下教学外，还建成了丰富的线上课程资源库。来自广州的张大妈在看到国家老年大学线上“云课堂”的招生信息后，第一时间就报了名。“在线学习时间灵活，在家用手机就能上课，课程视频也可以反复观看。学校还安排了配套的线下辅导教学活动，让我可以和同学们线下相聚，交流学习收获。”张大妈说。

“虽然退休了，但是我们对知识的渴求与探索、对美的欣赏与追求依然如故。国家老年大学能让我们汲取新知识，获得新技能，充分培养兴趣爱好，补齐自身短板，跟上时代步伐。如今，生活更加丰富多彩！”国家老年大学的某学员在学习感悟中这样写道。

请思考：

（1）什么是老年教育？为什么要发展老年教育？

（2）有哪些相关政策、法规为老年教育体系建设提供了保障？

一、老年教育的内涵

老年教育是指以老年人为对象所实施的教育，是根据老年人的生理和心理特征进行的一种特殊教育，其目的是使老年人增长知识、开阔视野、丰富生活、增强体质。由此可以看出，老年教育主要有两方面的内涵：一是老年教育的本质仍然是教育，是一种以影响人的身心发展为直接目的的社会活动，并具有完整的教育三要素，即教育者、受教育者和教育影响；二是老年教育因其特定的教育对象而具有一定的特殊性，例如，老年教育不以升学、就业为导向，老年教育的教育场所、教育方式具有较强的灵活性，等等。

二、老年教育的意义

从个人层面看，通过接受再教育，老年人可以学习新的知识和技能，紧跟时代发展的步伐；培养兴趣爱好，结交新朋友，丰富精神文化生活；学习健康知识，养成科学的生活习惯，延缓身体及心理的衰老。在保证身心健康的基础上，老年人还可以利用所学的新知识、新技能更好地参与社会发展活动。

从教育层面看，老年教育是建设学习型社会的必要元素。党的二十大报告提出，要建设全民终身学习的学习型社会、学习型大国。老年学习是全民学习、终身学习的重要组成部分，要想建设学习型社会、学习型大国，就必须发展老年教育。

如何更好地开展老年教育

从国家层面看，发展老年教育是积极应对人口老龄化的重要手段。大力发展老年教育，为老年人提供更丰富、优质、便利的教育资源，满足老年群体多方位精神文化需求，有利于缓解人口老龄化压力，促进所有人的全面发展，真正实现老有所教、老有所学、老有所为、老有所乐。

三、老年教育体系建设

（一）国家层面

我国老年教育体系的建设始于 20 世纪 80 年代。1982 年，我国实施干部离退休制度，大批离退休老干部积极投身创办老年大学。1983 年，我国第一所老年大学——山东省红十字会老年人大学（现山东老年大学，见图 5-3）成立，标志着我国老年教育的起步。到 1985 年底，全国已建成 60 余所老年大学。1988 年，中国老年大学协会成立，全国各地积极开办老年大学。

截至 1990 年，全国老年学校已达到 2 300 多所，全国老年教育网络初步形成。

图 5-3 山东老年大学

1994 年 12 月发布的《中国老龄工作七年发展纲要（1994—2000 年）》中提出了在全国开展老年教育的任务目标，并指出“老年大学、老年学校是老年教育的重要形式，它业已成为老年人老有所学、老有所为、老有所乐的重要场所”。1995 年，《中华人民共和国教育法》颁布实施，规定在全国“建立和完善终身教育体系”。1996 年颁布的《老年人权益保障法》规定“老年人有继续受教育的权利”。

进入 21 世纪，结合新时期老年教育的发展特点，我国政府提出了新的发展目标。2006 年，《中国老龄事业发展“十一五”规划》发布，其中提出“各级政府要继续加大对老年教育的资金投入，同时动员社会力量，因地制宜地办好老年电视大学、老年网上学校，倡导社区办学”。同年，国务院发布《中国老龄事业的发展》白皮书，提出国家“努力实现‘县县有老年大学’的目标，并逐步向社区、乡镇延伸”。

党的十八大以来，我国老年教育进入了新的发展阶段。2016 年 10 月，国务院办公厅发布《老年教育发展规划（2016—2020 年）》，提出扩大老年教育资源供给、拓展老年教育发展路径、加强老年教育支持服务、创新老年教育发展机制、促进老年教育可持续发展等主要任务。2019 年 3 月，国务院办公厅发布《关于推进养老服务发展的意见》，提出大力发展老年教育，建立健全“县（市、区）—乡镇（街道）—村（居委会）”三级社区老年教育办学网络，鼓励各类教育机构通过多种形式举办或参与老年教育，探索养教结合新模式，积极探索部门、行业企业、高校所举办老年大学服务社会的途径和方法。

2021 年 11 月，中共中央、国务院发布《关于加强新时代老龄工作的意见》，提出将老年教育纳入终身教育体系，推动扩大老年教育资源供给；鼓励有条件的高校、职业院校开设老年教育相关专业和课程，加强学科专业建设与人才培养；编写老年教育相关教材；依托国家开放大学筹建国家老年大学，搭建全国老年教育资源共享和公共服务平台；创新机制，推动部门、行业企业、高校举办的老年大学面向社会开放办学。

2022 年 2 月，国务院发布《“十四五”国家老龄事业发展和养老服务体系规划》，提出加

快发展城乡社区老年教育、鼓励养教结合创新实践等创新发展老年教育的措施。此外，该文件还提出了加强老年健康教育、组织开展老年人运用智能技术教育培训、广泛开展老年人识骗防骗宣传教育活动等相关措施。

推动老年教育事业健康发展

上海的刘女士退休后，觉得自己身体还很好，不愿意在家闲着，便想去老年大学上课，在学习的同时结交新朋友，可老年大学课程的火爆程度出乎刘女士预料。“没想到有这么多人在线上报名，不到5分钟，课程全被抢光了。除了线上报名，我还去报名点排队，排了3个多小时才排到，心仪的声乐、音乐欣赏之类的课程早被选完了。”刘女士说。她还打听了市里其他几所老年大学的情况，火爆程度都差不多，各类课程“秒没”是很正常的现象。

为解决“一课难求”的问题，一些老年大学致力于优化学员结构、完善管理制度。江西某老年大学的副校长孙老师表示，学校各专业都在探索按学制、年限实行结业制度，规定最长学习年限，这样能够有效缓解供需失衡，也能较好应对学员数量的逐年增长。

“为了让报名的老年人体验更好，我们最近对学校进行了维修改造，改善了学校的办学条件。”孙老师说，“我们还增加了一些新的实用课程。例如，此前有不少老年人反映，出国旅游时一点英语都不会实在不方便，为此，我们增设了一门实用英语课程，针对老年人的具体需求，重点在课程设置、情景教学、对话练习等方面着力。”除了实用英语课程，该老年大学近年来还陆续开设了篆刻课程、模特课程、萨克斯课程等相对小众的课程，以最大程度适应和满足学员学习需求。

老年教育的意义不仅在于充实老年人的退休生活，还可以及时更新老年人的知识和信息结构，让老年人与时代发展同步。例如，不会扫码支付、不会用手机约车、不会在网上预约挂号等是老年人生活中经常遇到的“数字鸿沟”，一些老年大学就有针对性地开设了相应课程，很多老年人学习后掌握了相应知识，对这些课程给予了高度评价。

此外，许多老年大学还针对常见的诈骗陷阱，通过日常教学、主题班会等形式宣讲反诈知识，帮助老年人识破骗局，增强老年人对诈骗陷阱的识别和防范能力。“通过老年大学的学习，我掌握了不少防骗知识，保护好自己的同时，让子女也省心。”云南某老年大学的学员李某说。

专家认为，老年教育并非只有老年大学这一种途径。要想缓解老年大学课程的供需矛盾，应该积极开拓线上课程资源和教学平台，发挥线下有限课程资源的辐射效应。专家还建议，有关部门应当积极支持老年教育向社区延伸，通过支持各种社会力量举办老年大学，扩大老年教育资源供给。

资料来源：《人民日报》2023年2月27日07版，作者史一棋，有改动

（二）地方层面

许多地方政府部门也发布了相应的政策，促进老年教育发展，完善老年教育体系建设。例如，上海市教育委员会于 2021 年 4 月发布《关于推进本市老年教育数字化发展的意见》，提出创设老年人数字学习的友好环境、打造各类老年人智慧学习场景、开拓多维立体学习新空间、扩大优质数字化学习资源供给等主要任务；安徽省教育厅、安徽省发展改革委于 2022 年 12 月发布《安徽省“十四五”老年教育发展规划》，提出建设普惠性老年教育体系、加强思想建设和政治引领等主要任务，以及老年学校扩容增量计划、老年人文化素养提升计划、办学主体多元化推进计划、老年教育品牌培育计划等一系列重点行动计划。

情境回顾

老年教育是指以老年人为对象所实施的教育。发展老年教育不仅对老年人的身心健康有很大的好处，也是建设学习型社会、积极应对人口老龄化的必要措施。

我国出台了一系列政策、法规为老年教育体系建设提供了保障。例如，中共中央、国务院于 2021 年 11 月发布的《关于加强新时代老龄工作的意见》中提出，要依托国家开放大学筹建国家老年大学，搭建全国老年教育资源共享和公共服务平台。2023 年 3 月，国家老年大学正式挂牌成立。国家老年大学为全国各级各类老年大学提供资源共享、教学指导和公共服务，搭建全国老年教育资源共享和公共服务平台，在创新发展老年教育中发挥了示范、带动、引领和辐射作用。

此外，各级地方政府也发布了一系列地方政策促进老年教育发展，如上海市教育委员会发布的《关于推进本市老年教育数字化发展的意见》、安徽省教育厅等部门发布的《安徽省“十四五”老年教育发展规划》等。

课后练习

查找你所在地区有哪些面向老年人的教育机构，通过网络信息搜集、实地走访等方式，了解这些教育机构的招生政策、课程设置等信息。

学习成果检测

1. 填空题

（1）老年人参与社会发展的个人意义有__________、__________和__________等。

（2）老年教育具有完整的教育三要素，即__________、__________和__________。

（3）2021 年 11 月，中共中央、国务院发布《关于加强新时代老龄工作的意见》，提出将老年教育纳入__________体系。

2．单项选择题

（1）《老年人权益保障法》中明确指出：“国家和社会应当重视、珍惜老年人的知识、技能、经验和优良品德，发挥老年人的专长和作用，保障老年人参与经济、政治、文化和（　　）生活。”

A．娱乐　　　　B．学习

C．休闲　　　　D．社会

（2）从教育层面看，老年教育是建设（　　）的必要元素。

A．资源节约型社会

B．环境友好型社会

C．学习型社会

D．老年友好型社会

（3）我国第一所老年大学是（　　）。

A．山东省红十字会老年人大学

B．北京市海淀老龄大学

C．上海老年大学

D．国家老年大学

3．判断题

（1）1996 年通过并施行的《老年人权益保障法》将“参与社会发展”列为专章，从法律层面确立了老年人参与社会发展的权利。（　　）

（2）《老年人权益保障法》鼓励老年人对青少年和儿童进行社会主义、爱国主义、集体主义和艰苦奋斗等优良传统教育。（　　）

（3）老年教育以升学或就业为导向。（　　）

4．简答题

（1）老年人参与社会发展有哪些社会意义？

（2）老年人可以参与哪些文化生活领域的活动？

（3）老年人接受再教育有哪些好处？

学习成果评价

请进行学习成果评价，并将评价结果填入表 5-1 中。

表 5-1　学习成果评价表

班级				日期	
姓名		学号		指导教师	
项目名称	老年人参与社会发展				
评价项目	评价内容		分值	自我评分	教师评分
理论知识（40%）	老年人参与社会发展的内涵与相关政策		6		
	老年人参与社会发展的意义		8		
	老年人参与社会发展的主要领域		10		
	老年教育的内涵与意义		7		
	老年教育体系建设		9		
实践技能（40%）	能够为有需要的老年人提供参与社会发展的相关建议		20		
	能够协助老年人接受再教育		20		
综合素养（20%）	具备良好的学习态度		5		
	积极、主动参加实践活动		5		
	能够主动关心老年人的精神生活，并提供必要的帮助		5		
	认识教育的重要性，具备终身学习的意识		5		
合计			100		
总分（自我评分×40%+教师评分×60%）					
自我评价					
教师评价					

项目六
养老机构运营管理

项目引言

养老机构是社会养老服务体系的重要支撑。养老机构的运营管理涉及登记与备案、提供服务、进行内部管理、接受监督检查等多个方面。养老机构在运营过程中还需要做好安全管理，保障老年人与工作人员的人身财产安全。此外，如果养老机构提供医疗服务，还需要做好相应的医疗机构运营管理。养老服务从业人员应当对养老机构运营管理的相关政策、法规与标准有所了解，以便在工作中能够更好地处理相关问题。

知识目标

- 了解养老机构的内涵与设立。
- 熟悉养老机构的服务、内部管理与监督检查。
- 了解养老机构的安全管理体系。
- 掌握养老机构的设备设施安全管理、突发事件应急管理及其他安全管理。
- 了解医养结合机构的设立条件与医疗机构的基本要求。
- 熟悉医养结合机构的医疗服务管理。

素质目标

- 认识规章制度在养老机构运营管理中的重要性，树立规则意识。
- 通过学习养老机构安全管理相关知识，培育细节意识与安全意识。

任务一　认识养老机构运营管理

情境导入

从某职业学校的老年人服务与管理专业毕业后，小李进入了一家养老院工作。怀揣着对职业的热爱，小李兢兢业业地工作，逐渐从一名护理员成长为中层管理人员。经过多年的积累，小李拥有了足够的经验、人脉、资金和其他资源，便打算实现自己的创业梦想，开办一家养老机构。小李与同伴合作，同伴负责解决资金、场地等问题，而小李负责养老机构的设立和后续的运营管理工作。

请思考：

（1）设立养老机构应当满足哪些条件、经过哪些流程？

（2）小李的养老机构设立后，在提供服务、进行内部管理、接受监督检查等方面需要注意哪些事项？

一、养老机构的内涵

不同文件对养老机构的定义有所不同。例如，《养老机构基本规范》（GB/T 29353—2012）将养老机构定义为“为老年人提供生活照料、膳食、康复、护理、医疗保健等综合性服务的各类组织”；《养老机构管理办法》将养老机构定义为“依法办理登记，为老年人提供全日集中住宿和照料护理服务，床位数在 10 张以上的机构”。由此可见，养老机构主要有以下三个方面的内涵：

（1）养老机构是服务人员和服务对象为了特定的目标，根据特定的规则协同展开行动而形成的服务组织，其服务对象为老年人。

（2）养老机构应当为老年人提供住宿场所与全日制服务，这是养老机构区别于老年人日间照料中心、社区服务中心等其他提供养老服务的机构的一个重要因素。

（3）养老机构应当为老年人提供较为全面的服务，以满足老年人的基本生活需求与更高层次的需求。

养老机构的分类

按照服务对象、服务模式、营利性等因素划分，养老机构可以分为老年社会福利院、敬老院、老年公寓、老年养护院、养老院等。

1. 老年社会福利院

老年社会福利院是由政府开办或政府与社会组织合办，为特殊老年人群体提供养老服务的社会福利机构。我国的老年社会福利院主要面向城镇中无劳动能力、无生活来源、无赡养人和扶养人（或赡养人和扶养人无赡养或扶养能力）的“三无”老年人。

2. 敬老院

敬老院是为老年人提供养老服务的非营利性组织。我国的敬老院是在农村实行“五保”（保吃、保穿、保住、保医、保葬）的基础上发展而来的，因此主要面向农村的“五保”老年人。

3. 老年公寓

老年公寓是专供老年人集中居住，符合老年人身心特征的公寓式老年住宅，配有餐饮服务设施、文化娱乐设施、医疗保健设施等多种服务设施。

4. 老年养护院

老年养护院是为失能老年人提供长期看护照料、医疗护理、康复促进等服务的养老机构。与其他养老机构相比，老年养护院能够提供更专业、更全面的医学方面的服务，强调医养结合。

5. 养老院

养老院几乎面向社会上的所有老年人，服务对象范围较广。养老院既有公办的，也有民办的，既有营利性的，也有非营利性的。其中公办非营利性的养老院基本等同于老年社会福利院或敬老院，民办营利性的养老院则会提供更加全面、细致、深入的收费服务。

二、养老机构的设立

（一）养老机构的设立条件

《养老机构管理办法》第四条规定：“养老机构应当按照建筑、消防、食品安全、医疗卫生、特种设备等法律、法规和强制性标准开展服务活动。养老机构及其工作人员应当依法保障收住老年人的人身权、财产权等合法权益。”因此，设立养老机构需要满足以下设施、人员条件。

1. 设施条件

《中华人民共和国安全生产法》第二十条规定：“生产经营单位应当具备本法和有关法律、行政法规和国家标准或者行业标准规定的安全生产条件；不具备安全生产条件的，不得从事生产经营活动。”为了保障安全生产经营，养老机构应当满足以下设施条件：

（1）符合《中华人民共和国建筑法》《中华人民共和国消防法》《无障碍环境建设法》等法规，以及《建筑防火通用规范》（GB 55037—2022）、《老年人照料设施建筑设计标准》（JGJ 450—2018）等国家标准或行业标准规定的安全生产条件。

（2）提供餐饮服务的，应符合《中华人民共和国食品安全法》等法规，以及相应的食品

安全国家标准、行业标准，并取得食品经营许可证。

（3）提供医疗卫生服务的，应符合《医疗机构管理条例》等法规，以及相应的医疗服务国家标准、行业标准，并取得医疗机构执业许可证。

2. 人员条件

养老机构的设立人应当是依法成立的组织或者具有完全民事行为能力的自然人，此外，养老机构还应配备相应的管理人员、专业技术人员和工勤技能人员。根据《养老机构岗位设置及人员配备规范》（MZ/T 187—2021），养老机构中的人员应满足以下要求：

（1）养老机构应配备专职院长或副院长，院长、副院长应具有初中及以上文化程度，并具有养老服务专业知识。养老机构中各部门负责人应具有相关资质及专业知识技能。

（2）养老机构中所有提供生活照料、膳食、医疗护理等服务的人员均应持有与其岗位要求相适应的健康证明。

（3）养老机构中的专业技术人员应持有与岗位相适应的有效专业技术资格证或执业资格证。社会工作者、健康管理师应取得相应的职业资格证（见图 6-1）。

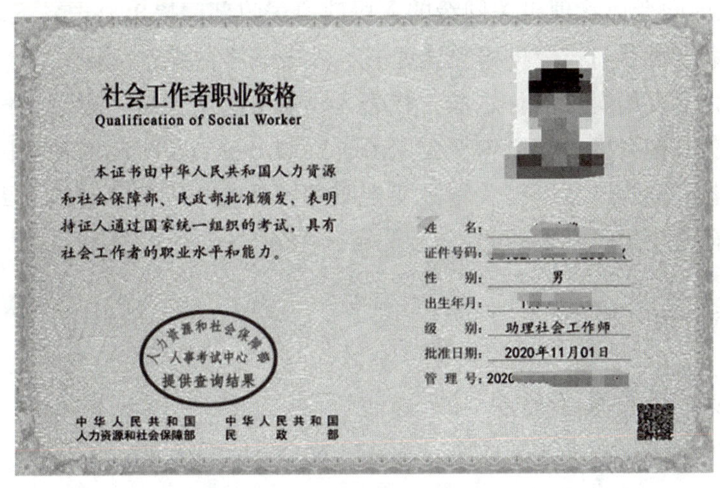

社会工作者职业资格
Qualification of Social Worker

本证书由中华人民共和国人力资源和社会保障部、民政部批准颁发，表明持证人通过国家统一组织的考试，具有社会工作者的职业水平和能力。

人力资源和社会保障部人事考试中心 提供查询结果

中华人民共和国 人力资源和社会保障部　　中华人民共和国 民政部

姓　　名：
证件号码：
性　　别：男
出生年月：
级　　别：助理社会工作师
批准日期：2020年11月01日
管 理 号：2020

图 6-1　职业资格证

（4）养老机构中的养老护理员应经培训合格后上岗，特种作业人员、消防设施操作人员、会计等应具备相应的上岗资质。

（5）设有医疗机构的养老机构宜配备专职医师、护士（师）、康复医师、康复治疗师等专业技术人员，人员配备比例应符合医疗机构设置的有关要求。

根据你所学的专业与未来想要从事的职业的角度分析，你需要考取哪些专业技术资格证、执业资格证、职业资格证等证书？请同学们讨论、分享。

（二）养老机构的登记与备案

《老年人权益保障法》第四十三条规定：“设立公益性养老机构，应当依法办理相应的登记。设立经营性养老机构，应当在市场监督管理部门办理登记。养老机构登记后即可开展服务活动，并向县级以上人民政府民政部门备案。”因此，设立养老机构时应当依法完成登记与备案。

1. 登记

设立民办经营性养老机构的，按照《中华人民共和国市场主体登记管理条例》相关规定，应向所在地县级以上地方人民政府市场监督管理部门申请登记。设立民办公益性养老机构的，按照《民办非企业单位登记管理暂行条例》相关规定，应向所在地县级以上人民政府民政部门申请登记。

2. 备案

根据《养老机构管理办法》，营利性养老机构应当在收住老年人后 10 个工作日以内向服务场所所在地的县级人民政府民政部门提出办理备案，非营利性养老机构应当在收住老年人后 10 个工作日以内向登记管理机关同级的人民政府民政部门提出办理备案。办理备案时，养老机构应提交备案申请书、养老机构登记证书、承诺书等材料。

已经备案的养老机构变更名称、法定代表人、服务场所权属、养老床位数量、服务设施面积等事项，或在原备案机关辖区内变更服务场所的，应当及时向原备案民政部门办理变更备案。营利性养老机构跨原备案机关辖区变更服务场所的，应当及时向变更后的服务场所所在地县级人民政府民政部门办理备案。

三、养老机构的服务

（一）养老机构的服务标准

养老机构为老年人提供的服务应当符合相应的国家标准与行业标准，如《养老机构服务安全基本规范》（GB 38600—2019）、《养老机构服务质量基本规范》（GB/T 35796—2017）、《养老机构生活照料服务规范》（MZ/T 171—2021）、《养老机构膳食服务基本规范》（MZ/T 186—2021）、《养老机构接待服务基本规范》（MZ/T 188—2021）等。

此外，许多地区还出台了相应的地方标准，规范养老机构的服务，如江苏省的《养老机构心理支持服务基本规范》（DB32/T 4376—2022）、陕西省的《养老机构医疗照护服务规范》（DB61/T 1381—2020）、上海市的《养老机构认知障碍照护单元设置和服务要求》（DB31/T 1402—2023）等。各地区的养老机构在提供服务时，也应当遵守所在地的地方标准。

（二）养老机构的服务协议

老年人入住前，养老机构应当对老年人的身心状况进行评估，根据评估结果确定照料护理等级，并征得老年人或者其代理人同意。在确定了照料护理等级后，还要与老年人或者其代理人签订服务协议，明确当事人的权利和义务。服务协议一般包括以下条款：

（1）养老机构的名称、住所、法定代表人或者主要负责人、联系方式。

（2）老年人或者其代理人和紧急联系人的姓名、住址、身份证明、联系方式。

（3）照料护理等级和服务内容、服务方式。

（4）收费标准和费用支付方式。

（5）服务期限和场所。

（6）协议变更、解除与终止的条件。

（7）暂停或者终止服务时老年人的安置方式。

（8）违约责任和争议解决方式。

（9）当事人协商一致的其他内容。

小提示

民政部等部门制定了《养老机构服务合同》（示范文本），许多地方政府部门也发布了相应的养老机构服务合同范本，如《北京市养老服务合同（养老机构版）》《广州市养老机构服务合同示范文本》等，养老机构可以参照使用。

（三）养老机构的服务内容

《养老机构管理办法》中规定，养老机构应按照服务协议为老年人提供生活照料、康复护理、精神慰藉、文化娱乐等服务，并为老年人家庭成员看望或者问候老年人提供便利，为老年人联系家庭成员提供帮助；鼓励养老机构运营社区养老服务设施，或者上门为居家老年人提供助餐、助浴、助洁等服务。

《养老机构服务质量基本规范》（GB/T 35796—2017）中对养老机构的服务内容和服务要求做出了更加详细的规定。根据该标准，养老机构的服务内容有出入院服务、生活照料服务、膳食服务、清洁卫生服务、洗涤服务、医疗护理服务、文化娱乐服务、心理和精神支持服务、安宁服务等。

1．出入院服务

出入院服务的内容包括入院评估、入院手续办理、出院手续办理等。

养老机构应当建立老年人入院评估制度，评估内容包括老年人的生理心理状况、服务需求等。老年人入院评估结果应经老年人或相关第三方认可，并作为提供相应服务的依据。

养老机构应协助老年人及相关第三方办理入院手续，并采集相关第三方的基本信息。特困人员入住时，养老机构应按规定办理接收手续。

老年人终止服务出院时，养老机构应通知相关第三方，协助老年人及相关第三方办理出院手续。

2．生活照料服务

生活照料服务的内容包括协助老年人饮食、起居、清洁卫生、排泄、体位转移等。

养老机构应提供全天 24 小时生活照料服务，并记录交接班情况。

养老护理员应了解所服务老年人的基本信息，包括姓名、个人生活照料重点、个人爱好、精神心理状况等。养老护理员应定时巡查老年人居室，观察老年人身心状况，发现特殊情况应及时报告并协助处理。

养老机构提供生活照料服务时要保障老年人的安全，保持老年人身体清洁与床铺整洁。

3. 膳食服务

为老年人制作膳食应遵循的原则

膳食服务的内容包括为老年人提供集体用餐服务和个人用餐服务等。

养老机构应尊重老年人的宗教信仰、民族习惯等，结合老年人的生理特点、身体状况、生活习惯等制订食谱，做到营养均衡。每周应对食谱内容进行调整，向老年人公布新食谱并存档。若要临时调整食谱，则应提前告知老年人。

当老年人集体用餐时，应配备相应的服务人员予以协助。

4. 清洁卫生服务

清洁卫生服务的内容包括公共区域及老年人居室内的清洁等。

公共区域和老年人居室应保持整洁、地面干燥、无异味、物品摆放安全合理。

工作人员应当每日清扫老年人居室，整理老年人个人物品及生活用品；定期更换床上用品及窗帘等；定期清洁老年人居室内的电器、家具等；定期清洗消毒卫浴设备；定期对公共区域及设备设施进行清洁和消毒。

被污染的物品应及时更换并单独清洁、消毒。不同区域的清洁设备、用具应区别使用并及时消毒。

5. 洗涤服务

洗涤服务的内容包括老年人衣物、被褥等织物的收集、清洗、消毒等。

养老机构内应配备洗涤设备及固定的洗涤场所。应定期对洗涤设备进行消毒，保持洗涤场所环境整洁。

工作人员应按照不同织物确定收集时间，定期清洗；应将老年人的个人衣物与被褥分开清洗。被污染的织物应单独收集、清洗、消毒；应设置指定地点收集被污染的织物，并避免在老年人居住区域清点被污染的织物。

洗涤后，工作人员应检查织物是否清洗干净、是否完好无损，并进行清点核对。

6. 医疗护理服务

医疗护理服务的内容包括常见病与多发病诊疗、健康指导、预防保健、康复护理、院内感染控制等。

养老机构应对有需要的老年人提供护理服务，如翻身、叩背、尿管管理等；应指导老年人使用机构提供的康复辅助器具，如轮椅、助行器（见图 6-2）等；应遵医嘱使用约束用具，并与相关第三方签署知情同意书，按操作规范执行。

老年人突发疾病时，养老机构应及时与相关第三方联系。不能处置的，应立即联系医疗救护机构，并协助做好老年人转诊转院工作。

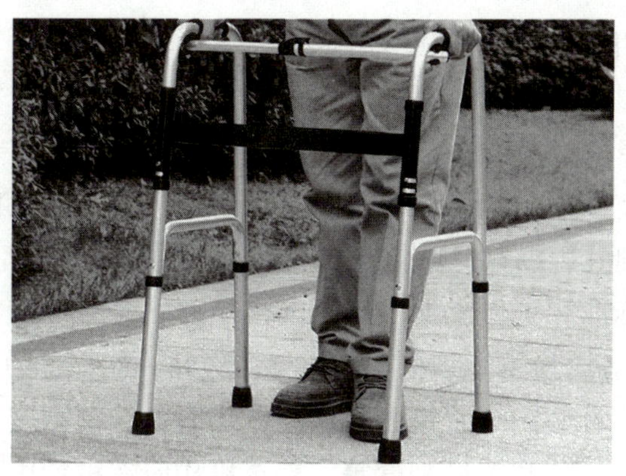

图 6-2　助行器

养老机构应根据老年人评估结果，签订相应的服药管理协议。提供服药管理服务时，工作人员应核对处方和药品，按照医疗卫生相关部门的规定发放药品。

养老机构每年应至少组织 1 次老年人健康体检。

7. 文化娱乐服务

文化娱乐服务的内容包括文化、体育、娱乐、节日及纪念日庆贺活动等。

养老机构应当每日组织开展 1 项以上适合老年人生理、心理特点的文化娱乐活动。服务过程中，工作人员应密切关注老年人身体状况，确保老年人安全进行活动。

小提示

《养老机构管理办法》第二十二条规定："养老机构应当开展适合老年人的文化、教育、体育、娱乐活动，丰富老年人的精神文化生活。养老机构开展文化、教育、体育、娱乐活动时，应当为老年人提供必要的安全防护措施。"

8. 心理和精神支持服务

心理和精神支持服务的内容包括环境适应、情绪疏导、心理支持、危机干预等。

养老机构应帮助老年人熟悉环境，融入集体生活。应定期组织协调志愿者为老年人提供服务，促进老年人与外界社会接触交往。应鼓励老年人参与力所能及的志愿活动。应督促相关第三方定期探访老年人，与老年人保持联系。

工作人员应了解、掌握老年人的心理和精神状况，发现异常时要及时与老年人沟通，了解情况，并告知相关第三方；必要时要及时请医护人员、社会工作者等专业人员协助处理，或转至医疗机构。

9. 安宁服务

安宁服务的内容包括临终关怀、哀伤辅导、后事指导等。

养老机构应尊重老年人的宗教信仰、民族习惯和个人意愿，帮助老年人安详、有尊严地度过生命终期。宜引导相关第三方接受老年人临终状况，根据需要协助处理老年人后事。

四、养老机构的内部管理

（一）规章制度管理

养老机构的正常运营与良性发展离不开合理的规章制度。《养老机构管理办法》第二十五条规定："养老机构应当按照国家有关规定建立健全安全、消防、食品、卫生、财务、档案管理等规章制度，制定服务标准和工作流程，并予以公开。"

此外，《养老机构服务质量基本规范》（GB/T 35796—2017）中也规定，养老机构应建立基本管理制度，包括行政办公制度、人力资源制度、服务管理制度、财务管理制度、安全管理制度、后勤管理制度、评价与改进制度等。养老机构应在机构内醒目位置公布服务管理信息，包括服务资质、服务管理部门设置、服务管理专业技术人员资质、主要服务项目、收费标准等。

（二）人员配备管理

人员是养老机构中提供服务的主体，养老机构需要合理配备人员，以满足服务需求。《养老机构管理办法》第二十六条规定："养老机构应当配备与服务和运营相适应的工作人员，并依法与其签订聘用合同或者劳动合同，定期开展职业道德教育和业务培训。养老机构中从事医疗、康复、消防等服务的人员，应当具备相应的职业资格。养老机构应当加强对养老护理人员的职业技能培训，建立健全体现职业技能等级等因素的薪酬制度。"

《养老机构岗位设置及人员配备规范》（MZ/T 187—2021）中对养老机构中各岗位的人员配备提出了更加详细的要求，如表 6-1 所示。此外，该标准还规定养老机构应当建立人员聘用制度、教育和培训制度、薪酬与福利制度、绩效考核制度、人事合同与档案制度等与人员配备相关的管理制度并有效实施。

表 6-1　养老机构中各岗位的人员配备要求

岗位类型	岗位描述	人员配备要求
管理岗位	承担领导职责或管理任务的工作岗位	管理岗位人员的配备数量应根据机构规模、服务对象、老年人能力状况、功能定位等进行合理确定，满足运营管理的需求
专业技术岗位	承担专业技术工作职责、满足相应专业技术水平和能力要求的工作岗位	（1）专业技术岗位人数的配备数量应满足专业技术服务工作开展的需求 （2）每 200 名（不足 200 名的按 200 名计算）老年人应配备 1 名社会工作者 （3）宜配备专职或兼职健康管理师
工勤技能岗位	承担技能操作和维护、后勤保障、服务等职责的工作岗位	（1）工勤技能岗位人员的配备数量应满足技能操作和维护、后勤保障、服务工作开展的需求 （2）提供直接护理服务的专职养老护理员的数量不应少于自理老年人数量的 1/20、部分自理老年人数量的 1/12、完全不能自理老年人数量的 1/5

（三）资产管理

养老机构应当遵守《中华人民共和国会计法》《企业财务会计报告条例》等法规，做好预算管理、收支管理、资金分配、成本核算、财务监督等资产管理工作。

由于养老机构具有一定的公益属性，因此养老机构在进行资产管理时，要特别注意做好以下两个方面的工作。

1. 公开收费标准

《养老机构管理办法》第二十七条规定："养老机构应当依照其登记类型、经营性质、运营方式、设备设施条件、管理水平、服务质量、照料护理等级等因素合理确定服务项目的收费标准，并遵守国家和地方政府价格管理有关规定。养老机构应当在醒目位置公示各类服务项目收费标准和收费依据，接受社会监督。"养老机构应当按照规定合理确定收费标准并公开。

2. 规范管理捐赠和资助

《养老机构管理办法》第三十三条第一款规定："养老机构应当按照国家有关规定接受、使用捐赠、资助。"养老机构应当遵守《中华人民共和国公益事业捐赠法》《中华人民共和国慈善法》《基金会管理条例》等法规，规范管理捐赠和资助财产，确保捐赠资金、资助资金的高效、合理、透明使用。

规范养老机构财务管理，推动养老事业健康发展

2021年2月，北京市财政局、北京市民政局发布《北京市民办非营利养老服务机构财务管理办法》（以下简称《办法》），这是全国首个针对民办非营利养老服务机构财务管理出台的文件。

《办法》从总则到具体的会计机构与会计人员、会计核算、收入管理、费用管理、资产管理、负债管理、净资产管理、票据管理、档案管理、监督管理、法律责任等方面，对民办非营利养老服务机构的财务管理工作提出了全方位、全流程的规范化要求，督促民办非营利养老服务机构规范会计秩序、提高会计信息质量、采取有效内控措施，促进实现严监管、防风险的目标。

《办法》将推动北京市民办非营利养老服务机构财务管理实现科学化、规范化、精细化，为北京市民办非营利养老服务机构健康有序发展保驾护航，并将对国家统一会计制度在其他行业的落实起到借鉴作用。

资料来源：财政部官网，有改动

（四）档案管理

建立健全档案系统，是养老机构进行规范化管理的必要条件，也是保障老年人与养老机构的合法权益、提高养老机构的管理和服务水平的重要手段。《养老机构管理办法》第三十二条规定："养老机构应当建立老年人信息档案，收集和妥善保管服务协议等相关资料。档案的保管期限不少于服务协议期满后五年。养老机构及其工作人员应当保护老年人的个人信息和隐私。"

《养老机构服务质量基本规范》（GB/T 35796—2017）中对养老机构的档案管理做出了如下规定：

（1）养老机构应建立老年人入住档案和健康档案，档案内容包括服务合同、老年人的身份证及户口本复印件、老年人的病史记录、老年人的体检报告及评估报告等。老年人的健康档案保管期限应不少于老年人出院后 5 年。

（2）养老机构应及时、准确、完整地记录服务过程，并由记录人员签字确认。工作记录的保管期限应不少于 3 年。

（3）财务档案、人事档案、医疗档案和其他档案的保管期限应按照国家有关规定执行。

（4）养老机构应保护老年人及相关第三方的信息，未经老年人或相关第三方同意，不应泄露老年人及相关第三方的信息。

五、养老机构的监督检查

（一）外部监督

接受外部监督是养老机构提高服务质量、保障老年人权益的必要措施。

养老机构需要接受民政部门及其他有关政府部门的监督。《老年人权益保障法》第四十四条规定："地方各级人民政府加强对本行政区域养老机构管理工作的领导，建立养老机构综合监管制度。县级以上人民政府民政部门负责养老机构的指导、监督和管理，其他有关部门依照职责分工对养老机构实施监督。"《养老机构管理办法》第三十六条规定："民政部门应当加强对养老机构服务和运营的监督检查，发现违反本办法规定的，及时依法予以处理并向社会公布。民政部门在监督检查中发现养老机构存在应当由其他部门查处的违法违规行为的，及时通报有关部门处理。"

除政府部门的监督外，养老机构还需要接受老年人及其代理人和社会的监督。《养老机构管理办法》第四十三条规定："养老机构应当听取老年人或者其代理人的意见和建议，发挥其对养老机构服务和运营的监督促进作用。"第四十四条规定："民政部门应当畅通对养老机构的举报投诉渠道，依法及时处理有关举报投诉。"

此外，《养老机构服务质量基本规范》（GB/T 35796—2017）中也对养老机构接受外部监督提出了以下要求：

（1）养老机构应设立投诉受理部门，公开投诉电话和负责人电话。

（2）养老机构应定期听取老年人及相关第三方的建议和意见，采用设置意见箱、网上收集等方式收集信息。

（3）养老机构应每年开展不少于 1 次的服务满意度测评，向老年人或相关第三方发放满意度调查问卷，并编写分析报告。

（4）养老机构宜邀请相关专家或第三方专业机构，对服务质量进行评价。

（二）行政检查

为规范养老机构行政检查，促进严格规范公正文明执法，民政部于 2022 年 11 月发布《养老机构行政检查办法》。该文件规定，养老机构要接受民政部门的行政检查，包括日常检查、个案检查和专项检查。

小提示

日常检查是指民政部门对不特定养老机构或者养老机构的不特定事项进行的检查。个案检查是指民政部门基于投诉举报、转办交办、数据监测等发现的问题线索，对特定养老机构进行的检查。专项检查是指民政部门基于日常检查、个案检查等发现的突出性、普遍性问题，以及安全风险防范需要，对不特定养老机构进行的检查。

行政检查可以采用现场检查（见图 6-3）的方式，也可以采用书面检查、在线视频检查等非现场检查的方式。采用现场检查、在线视频检查时，检查人员不得少于 2 人，并应当表明身份，同时向养老机构出示检查通知书。若检查人员少于 2 人、未表明身份或者未出示检查通知书，养老机构有权拒绝接受检查。对于民政部门依法进行的行政检查，养老机构及其工作人员应当配合，不得拒绝、阻碍或者提供虚假材料、隐瞒事实。

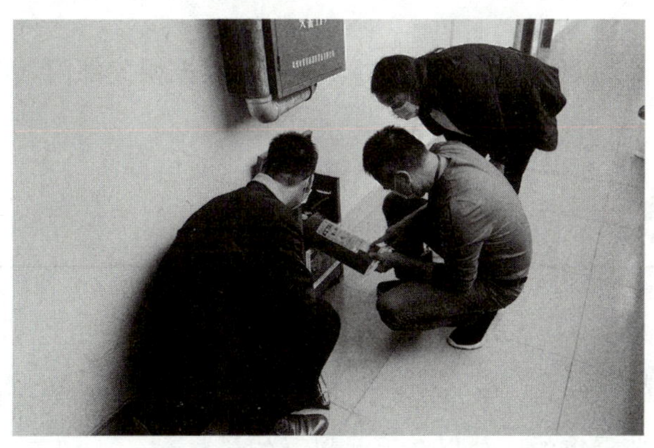

图 6-3　检查人员实施现场检查

实施行政检查时，检查人员有权实施下列行为：① 查看养老机构服务场所；② 向养老机构和个人了解情况；③ 查阅与检查事项有关的合同、票据、账簿及其他有关文件资料、信息系统；④ 对检查过程进行音像记录；⑤ 通过收集原件、原物或者采用记录、录音、录像、照相、复制等方式获得有关材料；⑥ 法规、规章规定的其他行为。

在行政检查中，民政部门发现养老机构在服务安全和质量方面存在可能危及人身健康和生命财产安全风险的，应责令其限期改正；发现养老机构在建筑、消防、食品、医疗卫生、环境保护、特种设备等方面存在安全隐患，应当由其他部门查处的，应及时通报移送有关部门依法处理；发现养老机构存在违法违规行为，依法应当由民政部门予以行政处罚的，应转入行政处罚程序；发现养老机构的违法行为涉嫌犯罪的，应移交司法机关处理。

在行政检查中，民政部门若发现养老机构的安全隐患突出，且在排除前或排除过程中无法保证安全，应当区分情况，采取责令养老机构从危险区域内撤出老年人和工作人员，或停止使用相关设施、设备等紧急处置措施，并通知相关部门到场处理。如果发现养老机构的服务设施、设备不符合保障安全生产的强制性标准，民政部门应当依照《中华人民共和国安全生产法》《中华人民共和国行政强制法》等有关规定，对相关服务设施、设备予以查封、扣押。

（三）自我监督与检查

除接受外部监督与行政检查外，养老机构还应进行自我监督与检查，以加强内部管理，提升外部形象，确保机构的可持续发展。《养老机构服务质量基本规范》（GB/T 35796—2017）中对养老机构自我监督与检查提出了以下要求：

（1）养老机构应定期开展机构内的服务质量检查与考核。

（2）养老机构应采用日常检查、定期检查、不定期抽查、专项检查等方式进行内部评价。每年应开展不少于 1 次的自我检查，并编写检查报告。

（3）养老机构要时常通过召开工作例会、座谈会等，进行沟通交流，查找问题，分析原因，及时制订整改措施。

（4）工作人员在日常工作中发现问题时，要及时上报相关部门，相关部门应及时制订整改措施。

知识拓展

养老机构违法违规处罚

根据《养老机构管理办法》中的规定，养老机构有下列行为之一的，由民政部门责令改正，给予警告；情节严重的，处以 3 万元以下的罚款：

（1）未建立入院评估制度或者未按照规定开展评估活动。

（2）未与老年人或者其代理人签订服务协议，或者未按照协议约定提供服务。

（3）未按照有关强制性国家标准提供服务。

（4）工作人员的资格不符合规定。

（5）利用养老机构的房屋、场地、设施开展与养老服务宗旨无关的活动。

（6）未依照《养老机构管理办法》的规定预防和处置突发事件。

（7）歧视、侮辱、虐待老年人，以及其他侵害老年人人身和财产权益行为。

（8）向负责监督检查的民政部门隐瞒有关情况、提供虚假材料或者拒绝提供反映其活动情况的真实材料。

（9）出现法规、规章规定的其他违法行为。

养老机构及其工作人员违反《养老机构管理办法》有关规定，构成违反治安管理行为的，依法给予治安管理处罚；构成犯罪的，依法追究刑事责任。

情境回顾

设立养老机构需要满足一定的设施条件与人员条件。例如，养老机构的场地、建筑等需要符合《中华人民共和国建筑法》《中华人民共和国消防法》《无障碍环境建设法》等法规和相应标准，提供餐饮服务、医疗服务的还需要符合《中华人民共和国食品安全法》《医疗机构管理条例》等法规和相应标准。养老机构中不同岗位的人员都需要满足相应的文化条件、技能条件、健康条件等。符合条件的养老机构应当按照规定办理登记，并在收住老年人后10个工作日内办理备案。

养老机构为老年人提供的服务应当符合相应的国家标准、行业标准与地方标准。老年人入住前，养老机构应当对老年人的身心状况进行评估，确定照料护理等级，并与老年人或者其代理人签订服务协议。养老机构应当按照服务协议，遵守相应标准，为老年人提供出入院服务、生活照料服务、膳食服务、清洁卫生服务、洗涤服务、医疗护理服务、文化娱乐服务、心理和精神支持服务、安宁服务等。

养老机构应当建立健全内部规章制度，合理配备各岗位的人员，做好资产管理与档案管理工作。此外，养老机构还应接受相关管理部门、老年人及其代理人、社会群众的监督，依法接受行政检查，并做好自我监督与检查。

课后练习

（1）查阅《养老机构管理办法》，检索与养老机构运营管理有关的国家标准、行业标准与地方标准，熟悉养老机构运营管理要求。

（2）查阅民政部等部门制定的《养老机构服务合同》（示范文本）或你所在的地区政府部门发布的养老机构服务合同范本，熟悉养老机构服务协议的格式与内容。

任务二　了解养老机构安全管理

情境导入

经过一系列的筹备工作，小李的养老机构成功设立并顺利运营。某天，当地民政部门组织开展了养老机构安全管理培训会，小李作为养老机构的负责人，和养老机构的其他安全管理人员一起参加了培训会。在会上，民政部门要求各养老机构负责人严格执行安全生产相关规定，建立健全安全管理体系，提升养老机构安全管理水平，切实保障机构内老年人的生命、财产安全。

请思考：

（1）养老机构应当从哪些方面建立健全安全管理体系？

（2）养老机构在运营过程中应当如何做好安全管理？

一、安全管理体系

《养老机构服务质量基本规范》（GB/T 35796—2017）中规定，养老机构应当建立安全管理体系。根据《养老机构安全管理》（MZ/T 032—2012），养老机构应当从以下几个方面建立合理的安全管理体系。

（一）安全管理部门

养老机构应依法建立安全管理部门，安全管理部门由安全责任人、安全管理人员、相关部门和具体实施安全工作的专（兼）职人员组成，逐级负责本机构的安全管理工作。

安全责任人应是机构法定代表人或主要负责人。安全责任人应全面负责养老机构的安全工作，依法开展安全管理工作；建立安全管理部门和组织（含义务消防组织）；审查批准安全制度，组织制订并实施安全事故应急预案；定期研究、督导安全问题；及时、如实向上级主管部门报告安全事故。

养老机构应按照机构总人数及服务内容配备相适应的专（兼）职安全管理人员。安全管理人员应熟悉国家和地方安全管理相关的法规及技术规范，具备必要的组织协调能力和突发事件应变处置能力，并取得相关部门认可的资格证书，持证上岗。安全管理人员应负责养老机构主管范围内的安全工作；负责制订安全管理制度和年度安全工作计划，组织实施日常安全管理工作；督促、落实隐患整改工作；定期向安全责任人报告安全工作情况，及时报告涉及安全的重大问题。

（二）安全管理制度

养老机构应遵守国家法规要求，建立健全各项安全管理制度，包括安全责任制度、安全教育制度、安全操作规范或规程、安全检查制度、事故处理与报告制度、突发事件应急预案、考核与奖惩制度等。安全管理制度应明确相关部门及人员的职责、权限、工作内容、工作流程及要求等。

（三）安全报告程序

若发生意外或可能引发意外的过失行为，养老机构应按要求逐级上报，报告程序应符合下列要求：

（1）若发现设施、服务过程或服务对象存在安全隐患，工作人员应向安全管理人员报告，安全管理人员应及时组织力量采取积极的措施，消除隐患，并向上级报告。

（2）发生安全事故后，工作人员应立即向安全管理人员报告，并对事故进行详细记录；安全管理人员应迅速向安全责任人报告；安全责任人应按照有关规定及时向上级主管部门和相关行政主管部门报告。

二、设备设施安全管理

根据相关法规与标准，养老机构应当从以下几个方面做好设备设施管理，保障机构内设备设施的安全。

（一）消防设备设施安全

《养老机构管理办法》第三十条规定：“养老机构应当依法履行消防安全职责，健全消防安全管理制度，实行消防工作责任制，配置消防设施、器材并定期检测、维修，开展日常防火巡查、检查，定期组织灭火和应急疏散消防安全培训。养老机构的法定代表人或者主要负责人对本单位消防安全工作全面负责，属于消防安全重点单位的养老机构应当确定消防安全管理人，负责组织实施本单位消防安全管理工作，并报告当地消防救援机构。”

《养老机构安全管理》（MZ/T 032—2012）中对养老机构的消防设备设施安全管理做出了以下规定：

（1）养老机构建筑在正式投入使用之前，应通过公安消防机关的消防验收。

（2）养老机构的建筑防火设计、内部装修设计及装修材料的燃烧性能等级应符合相应的强制性国家标准。

（3）养老机构应当按照相应的强制性国家标准设置火灾自动报警系统、自动灭火系统或室内外消火栓系统（见图6-4）及防排烟设施，配置相应的灭火器材。

养老机构应如何设置消火栓

图 6-4　室内外消火栓系统

（4）任何单位、个人不应损坏、挪用或者擅自拆除、停用消防设备设施，不应埋压、圈占、遮挡消火栓或者占用防火间距，不应占用、堵塞、封闭疏散通道、安全出口、消防车通道。人员密集场所的门窗不应设置影响逃生和灭火救援的障碍物。养老机构应定期组织检验维修消防设备设施，并每年至少进行 1 次全面检测，确保消防设备设施完好有效。

（5）养老机构应按照相应的强制性国家标准设置消防安全标志牌与相应的照明灯具，并定期进行检查与维修。至少半年检查 1 次，若发现问题应及时修整、更换或重新设置。

政策引领

养老机构消防安全管理规定

为进一步加强新形势下养老机构消防安全管理工作，民政部、国家消防救援局于 2023 年 7 月联合发布《养老机构消防安全管理规定》，从落实消防安全主体责任、规范场所安全设置、确保设施正常运行、严格消防安全日常管理、做好安全隐患自查自改、提升应急处置能力、加强消防安全教育培训等方面对养老机构的消防安全管理做出了规定。

在落实消防安全主体责任方面，该文件强调养老机构应当建立健全逐级和岗位消防安全责任制，明确相应的消防安全责任人员及职责；制订消防安全管理制度与消防安全操作规程，并根据情况及时修订完善；明晰多主体各方责任。

在规范场所安全设置方面，该文件规定养老机构应设置在合法建筑内，应进行防火分隔；楼层布置与室内布置应符合《建筑防火通用规范》（GB 55037—2022）对老年人照料设施的要求。

在确保设施正常运行方面，该文件强调养老机构应加强消防设施管理与安全疏散设施管理，确保消防设施正常，安全出口畅通，安全疏散辅助器材齐全，等等。

在严格消防安全日常管理方面，该文件强调养老机构要严格用电管理、用火管理、用气管理、建筑材料和装修装饰管理、具有火灾风险的设备设施管理。此外，该文件还规定养老机构应实行 24 小时值班制度，并建立健全消防档案。

在做好安全隐患自查自改方面，该文件规定养老机构应开展定期防火巡查检查，突出防火巡查检查重点，及时消除火灾隐患。

在提升应急处置能力方面，该文件强调养老机构要科学制订灭火和应急疏散预案，定期开展消防演练，加强应急力量建设。

在加强消防安全教育培训方面，该文件强调养老机构要加强员工消防安全培训，明确消防安全培训内容，并向入住老年人宣传消防安全常识。

资料来源：国家消防救援局官网，有改动

（二）电气设备设施安全

《养老机构安全管理》（MZ/T 032—2012）中对养老机构的电气设备设施安全管理做出了以下规定：

（1）养老机构应正确选用各类用电产品的规格型号、容量和保护方式（如过载保护等），不应擅自更改用电产品的结构、原有配置的电气线路、保护装置的整定值、保护元件的规格等。选择用电产品时，应确认其使用环境及条件符合产品使用说明书中的规定，并根据产品使用说明书中的描述，了解使用时可能出现的危险及需要采取的预防措施。

（2）养老机构中的电气线路、电气设备的安装应当由专业人员实施，安装完成后应依法进行检测。用电产品的安装、使用及维修应当符合相应国家标准的规定。

（三）燃气设备设施安全

《养老机构安全管理》（MZ/T 032—2012）中对养老机构的燃气设备设施安全管理做出了以下规定：

（1）养老机构厨房中的燃气管应当明装。使用燃气的设备及场所应设置可燃气体报警装置（见图 6-5），报警装置宜采用户外报警式，蜂鸣器应安装在户门外或管理室等易被他人听到的位置。

图 6-5　可燃气体报警装置

（2）养老机构不应私自拆、移、改动燃气表、灶、管道等燃气设施，不应私自安装燃气热水器、取暖器和其他燃气器具。

（3）养老机构选择使用的燃气灶、热水器和壁挂炉等燃气器具应经有资质的检验机构检验合格，工作人员应根据产品使用说明书了解产品使用时可能出现的危险及需要采取的预防措施。

（四）特种设备安全

特种设备是指涉及生命安全、危险性较大的设备，如锅炉、压力容器（含气瓶）、压力管道、电梯等。《养老机构服务质量基本规范》（GB/T 35796—2017）中规定，养老机构中的特种设备应经有资质的检验机构检验合格后使用；养老机构应定期对特种设备进行维护和保养；应安排专人负责管理特种设备，对特种设备进行定期检查。

《养老机构安全管理》（MZ/T 032—2012）中对养老机构的特种设备安全管理做出了以下规定：

（1）在特种设备投入使用前或投入使用后 30 天内，养老机构应向特种设备安全监督管理部门登记，登记标志应置于或附着于特种设备的显著位置。

（2）养老机构应对特种设备进行经常性的日常维护保养，每月至少进行 1 次自行检查，并进行记录。在日常维护保养或自行检查时若发现异常情况，应及时处理。

（3）电梯维护单位应至少每 15 天对养老机构正在使用的电梯进行 1 次清洁、润滑、调整与检查，并进行记录。

（4）养老机构应指定机构对正在使用的特种设备进行定期检验，在安全检验合格有效期届满前 1 个月应向特种设备检验机构提出定期检验要求。未经定期检验或检验不合格的特种设备不应继续使用。

三、突发事件应急管理

根据相关法规与标准，养老机构应当明确应急管理责任，制订合理的应急预案与应急机制，做好突发事件应急管理。

（一）应急管理责任

根据《养老机构安全管理》（MZ/T 032—2012），养老机构的安全管理部门负责组织、协调应急处置工作，担负信息汇总上传和综合协调的职责；应急处置责任人应由养老机构的安全负责人担任。

（二）应急预案

《养老机构管理办法》第三十一条规定：“养老机构应当依法制定自然灾害、事故灾难、公共卫生事件、社会安全事件等突发事件应急预案，在场所内配备报警装置和必要的应急救援设备、设施，定期开展突发事件应急演练。突发事件发生后，养老机构应当立即启动应急

预案，采取防止危害扩大的必要处置措施，同时根据突发事件应对管理职责分工向有关部门和民政部门报告。”

《养老机构安全管理》（MZ/T 032—2012）对养老机构制订应急预案提出了如下更加详细的要求：

（1）养老机构应按照《国家突发公共事件总体应急预案》中对突发事件的分类，结合本机构实际情况，制订应对自然灾害、事故灾难、公共卫生事件、社会安全事件等突发事件的应急预案。

小提示

根据《中华人民共和国突发事件应对法》《国家突发公共事件总体应急预案》等法规，各类突发公共事件按照其性质、严重程度、可控性和影响范围等因素可分为四级，分别为Ⅰ级（特别重大）、Ⅱ级（重大）、Ⅲ级（较大）和Ⅳ级（一般）。

（2）应急预案宜包括火灾处置预案、食物中毒处置预案、传染病处置预案，以及机构认为有必要制订的其他预案。应急预案的内容应包括指导思想、组织机构、职责分工、处置原则、预案等级、处置程序、工作要求等。应根据实际情况不断补充、完善各类应急预案。

（3）养老机构全体工作人员应掌握应急预案内容并履行应急预案规定的岗位职责。养老机构应至少半年进行 1 次应急预案演练。

（三）应急机制

根据《养老机构安全管理》（MZ/T 032—2012），养老机构的应急机制应包括监测与预警、报告、信息发布、应急处置、评估与改进等方面。

1. 监测与预警

养老机构应建立统一的安全突发事件监测、预警制度，完善监测、预警机制，加强对监测工作的管理与监督，保证监测质量。

2. 报告

养老机构应当建立健全突发事件报告制度。发生突发事件后，现场有关人员应立即向安全管理人员或安全责任人报告，安全责任人接到报告后应按照相关规定立即向上级主管部门及当地政府报告。对重大突发事件不应瞒报、迟报、谎报或授意他人瞒报、谎报，不应阻止他人报告。应急处置过程中，要及时续报有关情况。

3. 信息发布

养老机构应当及时、准确、客观、全面地发布突发事件的相关信息。

4. 应急处置

养老机构安全管理部门应及时对突发事件的有关信息进行筛选、整理、评估，由安全负责人按照《国家突发公共事件总体应急预案》中的分类分级规定，启动相应的应急预案。

重大级别以下的突发事件应急处置工作由养老机构安全管理部门负责实施，超出本机构的应急处置能力时，要及时报请上级安全管理部门提供指导和支持。

若突发事件得到有效处置，事态平息，经组织专家论证后，安全管理部门根据突发事件处置情况终止应急预案。

5．评估与改进

应急处置结束后，养老机构安全管理部门应对原应急预案进行评估和完善，修订后的应急预案应报主管部门备案。

四、其他安全管理

（一）食品安全管理

《养老机构管理办法》第二十九条规定："养老机构内设食堂的，应当取得市场监督管理部门颁发的食品经营许可证，严格遵守相关法律、法规和食品安全标准，执行原料控制、餐具饮具清洗消毒、食品留样等制度，并依法开展食堂食品安全自查。养老机构从供餐单位订餐的，应当从取得食品生产经营许可的供餐单位订购，并按照要求对订购的食品进行查验。"

《养老机构安全管理》（MZ/T 032—2012）中规定，养老机构应遵守国家食品安全相关法规和食品安全标准的要求，建立健全食品安全管理制度，采取有效的管理措施，保证食品安全。

《养老机构服务质量基本规范》（GB/T 35796—2017）对养老机构的食品安全管理做出了以下规定：

（1）养老机构中的食品加工与制作应符合食品监督管理要求与食品安全相关规定。

（2）储存加工后的食品时应将成品与半成品分开，生食与熟食分开。

（3）养老机构应建立食品留样备查制度，每日留样品种齐全，每种样品不少于 100 g，并在专用盒上标注样品名、餐别、采样时间、采样人等。留样盒应置于 0℃～4℃的冰箱内，储存时间不少于 48 小时，相关人员应进行留样记录。

（4）每餐过后都应对餐具、送餐工具进行清洗消毒（见图 6-6），每日处理餐厨垃圾。

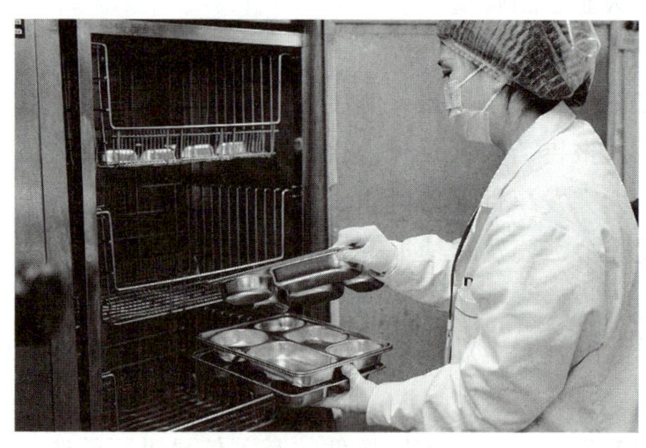

图 6-6　餐具消毒

（5）膳食服务人员应身着整洁的工作服，佩戴口罩和工作帽，保持个人清洁。

推进社会共治，保障食品安全

为强化养老服务领域食品安全管理，更好保障老年人身体健康和生命安全，民政部、国家市场监督管理总局于2021年9月联合发布《关于强化养老服务领域食品安全管理的意见》，对养老服务领域的食品安全工作进行了部署。除了全面履行主体责任、进一步强化监督管理责任等措施以外，该文件还提出大力推进社会共治，以社会监督的方式强化管理，具体包括以下内容：

充分发挥“明厨亮灶”作用。具备条件的养老服务机构可以采用透明展示、视频展示等方式公开展示餐饮服务相关过程。采用透明展示的，可以通过透明玻璃窗、玻璃墙展示；采用视频展示的，既可以通过视频直播方式公开展示，也可以将视频信息上传至网络平台。

大力开展食品安全科普宣教。养老服务机构要将食品安全知识纳入岗位培训内容，每半年至少开展一次食品安全宣传教育活动，提升食品安全事故防范能力。养老服务机构要结合所服务的老年人特点，重点宣传普及合理膳食理念和就餐安全知识，提醒老年人常见的食品安全误区，帮助老年人养成良好个人卫生习惯，提升食品安全意识和健康素养。

有序组织院民委员会及家属代表参与检查。养老服务机构在食品采购、食堂管理、供餐单位选择等涉及老年人用餐的重大事项上，应当以适当方式听取老年人和家属代表的意见。具备条件的养老服务机构可以邀请院民委员会代表参与食品安全自查。

资料来源：中国政府网，有改动

（二）信息安全管理

《养老机构安全管理》（MZ/T 032—2012）中对养老机构的信息安全管理做出了以下规定：

（1）养老机构应建立各类信息、档案资料保管制度。

（2）养老机构应严守国家保密法和保密守则，不泄密，不外泄个人隐私。

（3）应当有专（兼）职人员负责信息管理。各类信息经过筛选与整理后，应当分类保存。重要的照片、影像等信息应当采用合适的媒介保存。

养老机构在服务过程中会产生哪些信息？有哪些信息需要保存？各自应当用什么样的媒介保存？请同学们讨论、分享。

（三）治安管理

养老机构应做好治安管理，保障老年人及工作人员的人身财产安全。《养老机构管理办法》第二十八条规定："养老机构应当实行 24 小时值班，做好老年人安全保障工作。养老机构应当在各出入口、接待大厅、值班室、楼道、食堂等公共场所安装视频监控设施，并妥善保管视频监控记录。"

《养老机构安全管理》（MZ/T 032—2012）中规定，养老机构应设置监控设备，做到重点公共区域全覆盖；监控室内应有专（兼）职人员 24 小时值班，值班人员要坚守岗位，做好运行和值班记录，执行好交接班制度。此外，养老机构还应遵守国家相关法规要求，建立相应的财产安全管理制度，对偷窃等重点安全问题进行有效监控和防范。

（四）服务防护

《养老机构服务安全基本规范》（GB 38600—2019）中规定，养老机构在老年人入住前应进行服务安全风险评估，并每年至少进行 1 次阶段性评估，根据评估结果划分风险等级，以便进行服务防护。此外，该标准还对防噎食、防食品药品误食、防压疮、防烫伤、防坠床、防跌倒、防他伤和自伤、防走失、防文娱活动意外等服务防护措施进行了规范。

1．防噎食

养老机构应为有噎食风险的老年人提供适合其身体状况的食物，如流食、软食等。有噎食风险的老年人在进食时，应处于工作人员视线范围内，或由工作人员辅助进食。

2．防食品药品误食

养老机构应对食品进行定期检查，防止老年人误食过期或变质的食品。发现老年人或相关第三方带入不适合老年人食用的食品时，应与老年人或相关第三方沟通后妥善处理。

提供服药管理服务的机构应与老年人或相关第三方签订服药管理协议，准确核对所发放的药品。

发生误食情况时，工作人员应及时通知专业人员。

3．防压疮

养老机构应对有压疮风险的老年人进行检查，检查其皮肤是否干燥、有无破损、颜色是否改变，尿布、衣被等是否干燥平整等，并对检查情况进行记录。预防压疮措施包括变换体位、清洁皮肤、使用器具保护、整理床铺并清除碎屑等。

4．防烫伤

工作人员在倾倒热水时应避开老年人。协助老年人洗漱、沐浴前应调节好水温。应避免老年人饮用、食用高温饮食。应避免老年人接触高温设备设施与物品，如开水炉、高温消毒餐具、加热后的器皿等。使用取暖物时，应观察老年人的皮肤。存在烫伤风险的位置应设置安全警示标识。

5．防坠床

工作人员应对有坠床风险的老年人进行重点观察与巡视，帮助有坠床风险的老年人上下

床，并检查床单元安全。在老年人睡眠时应拉好床护栏。

6. 防跌倒

养老机构应保证老年人居室、厕所、走廊、楼梯、电梯、室内活动场所的地面干燥、无障碍物。提供清洁服务前及清洁过程中，工作人员应在显著位置设置安全提示标识（见图 6-7）。工作人员应仔细观察老年人服用药物后的反应，防止跌倒的发生。有跌倒风险的老年人在起床、行走、如厕时应配备助行器具或由工作人员协助。

图 6-7　安全提示标识

7. 防他伤和自伤

养老机构在发现老年人有他伤和自伤风险时，应进行干预疏导，并告知相关第三方。应有专人管理易燃易爆物品、有毒有害物品、尖锐物品及火种。发生他伤和自伤情况时，工作人员应及时制止并视情况报警、呼叫医疗急救，同时及时告知相关第三方。

8. 防走失

养老机构应对有走失风险的老年人进行重点观察、巡查，并做好交接班核查。有走失风险的老年人外出时应办理手续。

同步案例

老年人走失引纠纷

八十多岁的李某被子女送入养老院，子女与养老院签订了服务合同，约定了服务项目，但养老院未对李某的精神状况与走失风险等进行评估。

某天下午，李某要求外出，养老院的负责人进行了劝阻，并让护工关上大门。但李某仍坚持要外出，护工便在李某的坚持下打开大门任由李某走出养老院。两个小时后，护工发现李某没有回来，便出门寻找，但未找到，只能告知养老院的负责人。随后，养老院的负责人通知了李某的子女，同时向当地公安机关报警。

经警方、养老院与李某子女的分头寻找，李某于次日在河边被找到，当时李某已陷入昏迷。经过 16 天的住院治疗后，李某死亡，医院出具的死亡证明中显示死亡原因为溺水。李某的子女未能就赔偿问题与养老院达成一致意见，于是向法院提起诉讼，要求养老院承

担死亡赔偿金、医疗费、精神损失费等。

法院经审理后认为，李某的死亡虽系意外事件，但若李某没有从养老院走出，此事就可以避免。养老院未能及时制止李某的外出行为，且没有派人陪护，在发现李某走失后也没有第一时间通知家属，故养老院没有完全履行合同约定的义务，存在违约行为，应承担违约责任。最终法院判定养老院对李某的死亡承担60%的责任。

资料来源：梁山县人民法院网站，有改动

9. 防文娱活动意外

养老机构应观察文娱活动中老年人的身体和精神状态。应对活动场所进行地面防滑、墙壁边角和家具防护处理。

此外，养老机构在提供服务的过程中，还应遵守《养老机构预防压疮服务规范》（MZ/T 132—2019）、《养老机构生活照料服务规范》（MZ/T 171—2021）、《养老机构预防老年人跌倒基本规范》（MZ/T 185—2021）等相关行业标准，做好服务防护。

（五）安全教育与培训

《养老机构服务安全基本规范》（GB 38600—2019）中规定，养老机构应当制订安全教育年度计划；养老机构从业人员上岗、转岗前应接受安全教育，且每半年应至少接受 1 次岗位安全、职业安全教育与考核，考核合格率不应低于 80%；养老机构应对相关第三方、志愿者和从事维修、保养、装修等短期工作的人员进行用电、禁烟、火种使用、门禁使用、尖锐物品管理等方面的安全教育；养老机构应对老年人开展安全宣传教育。

《养老机构服务质量基本规范》（GB/T 35796—2017）中规定，养老机构应每季度至少开展 1 次安全教育培训。

《养老机构安全管理》（MZ/T 032—2012）中对养老机构的安全教育与培训做出了以下详细规定：

（1）安全责任人负责对安全管理人员进行教育与培训，安全管理人员负责组织本机构工作人员的安全教育与培训。应对教育和培训效果进行检查和考核。

（2）安全责任人、安全管理人员每年应接受在岗安全教育与培训；新员工上岗前应接受岗前安全教育与培训；换岗、离岗 6 个月以上的员工，以及应用新技术或使用新设备的员工，应接受岗前安全教育与培训。

（3）安全教育与培训的内容至少应包括：① 安全工作涉及的法规和规章；② 本部门或岗位的安全管理制度、操作规范或章程；③ 设备设施、工具和劳动防护用品的使用、维护和保养；④ 安全事故的防范意识、应急措施和自救互救；⑤ 应急预案的演练；⑥ 法规规定的其他内容。

情境回顾

养老机构应建立安全管理部门，制订合理的安全管理制度与安全报告程序，以此建立健全安全管理体系。

养老机构在运营过程中，应当做好设备设施安全管理，确保消防设备设施、电气设备设施、燃气设备设施、特种设备的安全；做好突发事件应急管理，明确应急管理责任，制订合理的应急预案和应急机制。此外，养老机构还应做好食品安全管理、信息安全管理、治安管理、服务防护、安全教育与培训等工作。

课后练习

（1）查阅《养老机构服务安全基本规范》（GB 38600—2019），熟悉养老机构服务安全的基本要求、安全风险评估要求、服务防护要求、管理要求。

（2）查阅《养老机构消防安全管理规定》，熟悉相关条款。

任务三　了解医养结合机构运营管理

情境导入

小李的养老机构自开办以来，以优异的服务质量赢得了良好的口碑，入住的老年人越来越多，并对养老机构提出了更高的服务要求。例如，有很多老年人觉得，养老机构里没有诊所或医务室，每次生病都要联系家人带自己到医院，十分不便，希望养老机构可以提供一定的医疗服务。小李注意到这个问题后，决定在养老机构内设立医务室与护理站，实行医养结合。

请思考：

（1）在养老机构内设立医务室与护理站等医疗机构需要满足哪些条件？

（2）医养结合机构应当如何做好医疗服务管理？

一、医养结合机构的设立

在传统的机构养老模式中，养老机构与医疗机构相互独立，养老机构中的老年人若有医疗需求，需要往返于养老机构和医疗机构之间，非常不便。为了解决这一问题，国家发布了一系列政策，推行医养结合的养老模式，实现养老机构与医疗机构资源共享、优势互补。

2019 年 5 月，国家卫生健康委办公厅、民政部办公厅等部门联合发布《关于做好医养结合机构审批登记工作的通知》，提出支持养老机构设立医疗机构、支持医疗机构设立养老机构、支持新建医养结合机构，优化医养结合机构审批流程和环境，进一步促进医养结合发展。各种模式的医养结合机构的设立流程及优惠措施如下。

医养结合——助力老年健康

（一）养老机构设立医疗机构

养老机构内若要设立诊所、卫生所（室）、医务室、护理站等医疗机构，申办人应当向所在地的县级卫生健康行政部门备案。此外，营利性医疗机构应当到市场监督管理部门进行登记注册，社会力量举办非营利性医疗机构应当到民政部门进行社会服务机构登记。

养老机构若要设立二级及以下医疗机构（不含急救中心、急救站、临床检验中心、中外合资合作医疗机构等），应向卫生健康行政部门申请医疗机构执业登记，经公示、审核合格后获取医疗机构执业许可证。

养老机构若要设立三级医疗机构，应当向所在地的省级或地市级卫生健康行政部门提交申请，卫生健康行政部门依法核发《设置医疗机构批准书》。申办人收到《设置医疗机构批准书》后，再申请医疗机构执业登记，经审核合格后获取医疗机构执业许可证。

养老机构设立医疗机构属于社会办医范畴的，可按规定享受相关扶持政策，卫生健康及相关部门应当及时足额拨付补助，兑现有关政策。

（二）医疗机构设立养老机构

医疗机构若要设立养老机构，应依法向县级以上民政部门备案。

社会力量举办的非营利性医疗机构若要设立养老机构，还应依法向其登记的县级以上民政部门办理章程核准，修改业务范围，并根据修改后的章程在登记证书的业务范围内增加“养老服务”等职能表述。

社会力量举办的营利性医疗机构若要设立养老机构，还应依法向其登记的县级以上市场监督管理部门申请变更登记，在经营范围内增加“养老服务”等表述。

公立医疗机构若要设立养老机构，还应依法向各级机构编制委员会办公室提出主要职责调整和变更登记申请，在事业单位主要职责及法人证书“宗旨和业务范围”中增加“养老服务”等职能。

具备法人资格的医疗机构申请设立养老机构时，不需另行设立新的法人，不需另行法人登记。医疗机构设立的养老机构若符合条件，可享受养老机构相关建设补贴、运营补贴和其他养老服务扶持政策措施，民政及相关部门应当及时足额拨付补助，兑现有关政策。

（三）新建医养结合机构

申办人若同时提出申请举办医疗机构和养老机构，需根据医疗机构和养老机构的类型、性质、规模向卫生健康部门、民政部门或市场监督管理部门提交申请。

涉及同层级相关行政部门的，当地政务服务机构应当实行“一个窗口”办理，实现“前台综合受理、后台分类审批、综合窗口出件”。未设立政务服务机构的，由当地卫生健康行政部门会同有关部门建立联合办理工作机制和操作流程，优化医养结合机构市场准入环境。各省（区、市）卫生健康行政部门应当和有关部门共同制定统一的筹建指导书，为医养结合机构申办人提供咨询和指导，方便申办人到相关部门办理行政许可或登记备案手续。各相关部门要加强工作配合，提高信息共享水平，让申办人“只进一扇门，最多跑一次”。

二、医养结合机构中的医疗机构的基本要求

与其他服务相比，医疗服务因其特殊性而需要受到更加严格的规范。2019 年 12 月，国家卫生健康委办公厅、民政部办公厅等部门联合发布《医养结合机构服务指南（试行）》，对医养结合机构的基本要求、服务内容与要求、服务流程与要求等进行了规范。2020 年 9 月，国家卫生健康委办公厅、民政部办公厅等部门联合发布《医养结合机构管理指南（试行）》，明确了医养结合机构的基本要求、养老服务管理要求、医疗服务管理要求、医养服务衔接管理要求、运营管理要求、安全管理要求等。根据这些文件，医养结合机构中的医疗机构需要满足以下基本要求。

（一）机构设置要求

医疗机构的科室设置、人员配备、设备设施配备、药品配备、信息化建设应当根据医疗机构的类型，相应地符合《医疗机构基本标准（试行）》《康复医院基本标准（2012 年版）》《护理院基本标准（2011 版）》《护理中心基本标准（试行）》《康复医疗中心基本标准（试行）》《安宁疗护中心基本标准（试行）》《养老机构医务室基本标准（试行）》《养老机构护理站基本标准（试行）》《诊所基本标准》《中医诊所基本标准》《中医（综合）诊所基本标准》等各类医疗机构基本标准的要求。其中，养老机构医务室与护理站的基本标准如表 6-2、表 6-3 所示。

表 6-2 养老机构医务室的基本标准

项目	标准
人员	（1）至少有 1 名取得执业医师资格，经注册后在医疗、保健机构中执业满 5 年，身体健康的临床类别执业医师或中医类别执业医师。若执业医师人数多于 1 人，则应至少有 1 名中医类别执业医师 （2）至少有 1 名注册护士。养老机构床位达到 100 张以上时，每增加 100 张床位，至少增加 1 名注册护士。护理员按需配备 （3）其他药学、医技人员按需配备
房屋	（1）整体设计满足无障碍设计要求 （2）至少设有诊室、治疗室、处置室。每室独立且符合卫生学布局及流程 （3）建筑面积不少于 40 m^2。治疗室、处置室的使用面积均不少于 10 m^2；如设观察室，其使用面积不少于 15 m^2；如设康复室，应增加相应建筑面积（增加的建筑面积不少于 50 m^2） （4）设医疗废物存放点，与治疗区域隔开

续表

项目		标准
设备	基本设备	（1）配备诊桌、诊椅、诊床、诊察凳、方盘、纱布罐、听诊器、血压计、体温表、注射器、身高体重计、视力卡、视力灯箱、压舌板、药品柜、紫外线消毒灯、高压灭菌设备、处置台、器械柜、便携式心电图机、血糖测定仪、雾化吸入器、出诊箱、轮椅、输液椅、候诊椅、医用冰箱、污物桶 （2）若设置康复室，则应配备与康复需求相适应的运动治疗、物理治疗和作业治疗设备 （3）若提供中医药服务，则应配备脉枕、针灸器具、火罐、电针仪、艾灸仪等
	急救设备	配备心电监护仪、心脏氧源（氧气瓶/制氧机）、供氧设备、吸痰器、开口器、牙垫、口腔通气道、简易呼吸器
	健康教育设备及其他设备	（1）配备健康教育宣传栏、健康教育影像设备、能连接互联网的计算机及打印设备、电话等通信设备，以及健康档案管理等有关设备 （2）配备工作所需的其他设备

表 6-3　养老机构护理站的基本标准

项目	标准
人员	（1）至少有 2 名具有护士以上职称的注册护士，其中有 1 名具有主管护师以上职称。养老机构床位达到 100 张以上时，每增加 100 张床位，至少增加 1 名注册护士 （2）至少有 1 名康复治疗人员 （3）按工作需求配备护理员，注册护士与护理员的数量之比为 1∶2.5
房屋	（1）整体设计应当满足无障碍设计要求 （2）建筑面积不少于 30 m^2 （3）至少设有治疗室、处置室。每室独立且符合卫生学布局及流程 （4）设医疗废物存放点，与治疗区域隔开
设备	（1）配备诊桌、诊椅、诊察凳、方盘、纱布罐、听诊器、火罐、刮痧板、血压计、体温表、身高体重计、血糖测定仪、体外除颤设备、治疗车、药品柜、紫外线消毒灯、高压灭菌设备、处置台、轮椅、输液椅、医用冰箱、污物桶 （2）配备必要的健康教育、办公和通信联络设备 （3）有诊疗护理记录及相应文件的保存条件 （4）配备工作所需的其他设备
其他	具有与功能任务相适应的转诊制度、药品登记分发制度、健康教育制度等各项规章制度，以及急救流程、技术操作规范，制订人员岗位职责

（二）人员资质要求

医疗卫生服务负责人应当具备相关专业知识和技能，熟悉分管业务和管理流程。医护人员应当持有相关部门颁发的执业资格证书，并符合国家相关规定和行业规范对执业资质和条件的要求。医疗护理员应当经相关培训合格后上岗。根据服务需要聘请的康复治疗师、公共营养师等相关人员应当持有相关部门颁发的资格证书。

（三）环境要求

医疗机构的室内空气应满足《室内空气质量标准》（GB/T 18883—2022）中的相关要求；环境噪声应当符合《声环境质量标准》（GB 3096—2008）中对 0 类机构环境噪声限值的要求；

采光水平应当符合《建筑采光设计标准》（GB 50033—2013）中对住宅建筑和医疗建筑采光的要求。医疗机构房屋面积应当符合《医疗机构基本标准（试行）》中对各类医疗机构房屋面积的要求。

严禁养老机构违法违规开展医疗服务

为切实维护老年人合法权益，国家卫生健康委办公厅、民政部办公厅、国家中医药管理局综合司于2022年12月联合发布《关于严禁养老机构违法违规开展医疗服务的通知》，对养老机构的医疗服务提出了以下要求：

（1）严禁无资质机构和人员提供医疗服务。坚决杜绝养老机构内无执业资质的机构以“诊所、卫生所（室）、医务室、护理站”等医疗机构、医养结合机构名义提供医疗服务。坚决杜绝养老机构内无行医资质的相关人员以“医师、护士、医技人员”等卫生技术人员名义提供医疗服务。

（2）严禁违规使用名称、超范围开展诊疗活动。养老机构内设医疗机构要严格按照国家卫生健康委办公厅等部门发布的《关于进一步规范医疗机构名称管理工作的通知》要求，规范命名医疗机构，严禁使用未经核准的医疗机构名称，不得使用可能产生歧义或者误导患者的名称。坚决杜绝养老机构内设医疗机构的诊疗活动超出登记或备案范围。坚决杜绝养老机构内设医疗机构使用的卫生技术人员从事本专业以外的诊疗活动。

此外，该文件还提出了严厉打击相关违法违规行为，严格规范开展医疗等服务，严格监督管理、加强宣传教育等措施，对养老机构开展医疗服务进行约束、提供指导。

资料来源：中国政府网，有改动

三、医养结合机构的医疗服务管理

医养结合机构应当为老年人提供医疗服务，并根据设立医疗机构的类型与资质有所侧重。根据《医养结合机构管理指南（试行）》，医养结合机构应当按照《中华人民共和国基本医疗卫生与健康促进法》《医疗机构管理条例》《医疗质量管理办法》等法规的要求，加强医疗服务管理，规范医疗服务行为，做好医疗质量管理、医疗护理服务管理、医疗康复服务管理、安宁疗护服务管理、感染防控管理、传染病管理、用药管理与病历管理。

（一）医疗质量管理

医养结合机构应当按有关规定成立医疗质量管理专门部门或工作小组，或指定专（兼）职人员负责医疗质量管理工作。完善医疗安全管理相关工作制度、应急预案和工作流程，加强医疗质量重点部门和关键环节的安全与风险管理。建立符合医疗机构质量管理要求的质量

目标，落实医疗服务有关安全保证、质量可控的各项要求。定期对机构内医疗质量进行监测、分析、考核、评估并持续改进。

工作人员应当遵循相关临床诊疗指南、临床技术操作规范、行业标准和临床路径等有关要求开展诊疗工作，严格遵守医疗质量安全核心制度。

（二）医疗护理服务管理

医养结合机构应当开展老年医疗护理需求评估工作，建立护理评估制度和流程。

医养结合机构应当按照《基础护理服务工作规范》《常用临床护理技术服务规范》《中医护理常规技术操作规程》等国家发布或认可的诊疗技术规范和操作规程中的有关要求开展相关工作，建立分级护理管理制度，制订合理、规范的诊疗护理服务流程，建立护理目标管理责任制，制订护理管理目标。

医养结合机构应当加强护理质量管理，参照《老年护理实践指南（试行）》制订并实施护理相关工作制度、技术规范和指南，加强护理人员队伍培训（见图 6-8）、考核和服务改进，持续改善护理质量。

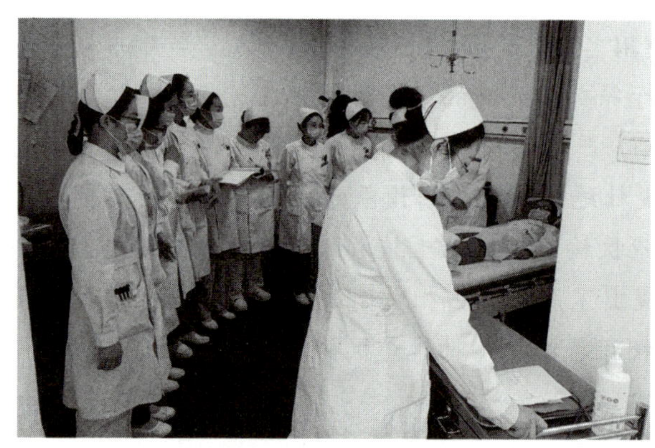

图 6-8　护理人员队伍培训

（三）医疗康复服务管理

开展康复服务的医养结合机构，应当根据机构规模和老年人需求，配备相应的设备设施，并严格执行与康复工作相关的各项规章制度、人员职责和技术操作规范。按需评定老年人身心状况、日常生活活动能力和社会功能，制订并实施康复服务质量评价标准、效果评价流程及风险防控预案。

开展康复辅具适配服务的医养结合机构，应当建立康复辅具管理制度。

独立设置的康复医疗中心应当按照《康复医疗中心管理规范（试行）》进行管理。

（四）安宁疗护服务管理

开展安宁疗护服务的医养结合机构，应当参照国家及当地关于安宁疗护工作的管理要求建立相关制度，配备专职人员；加强安宁疗护服务质量管理，参照《安宁疗护实践指南（试行）》

制订并实施相关工作制度、技术规范和服务指南；加强专业技术人员培训、考核和服务改进，持续改善服务质量；建立良好的沟通机制，加强与老年人及其家属的积极沟通，注重人文关怀，维护老年人合法权益和生命尊严，保护老年人及其家属的隐私。

（五）感染防控管理

医养结合机构应当按照《医院感染管理办法》《中医医疗技术相关性感染预防与控制指南（试行）》，以及医院感染控制和消毒相关行业标准，加强机构内感染预防与控制工作，制订并落实相关规章制度和工作规范，科学设置工作流程，做到布局合理、分区明确、洁污分离、标识清楚，有效预防和控制院内感染。

医养结合机构应当定期对机构工作人员进行培训，使其掌握有关预防和控制院内感染的知识，并在工作中正确运用，提高工作人员预防和控制院内感染的意识和能力；建立院内感染管理责任制，明确责任部门及人员，建立有效的院内感染监测制度；按照《医疗废物管理条例》《医疗卫生机构医疗废物管理办法》制订并落实医疗废物管理相关规章制度、工作流程，按规定做好医疗废物分类收集、运送与暂时贮存，以及人员培训、职业安全防护等工作。

（六）传染病管理

医养结合机构应当按照《中华人民共和国传染病防治法》等相关法规，建立传染病管理制度，建立突发公共卫生事件和传染病疫情监测信息报告制度，建立健全常态化传染病疫情防控机制。工作人员应当严格执行相关管理制度、操作规范，防止传染病的医源性感染和院内感染。

发生传染病疫情时，医养结合机构应当在当地卫生健康行政部门的领导下，开展传染病防治和疫情防控等工作。

（七）用药管理

医养结合机构应当建立日常给药管理制度，针对自我给药的老年人，建立协助其定期检查药物供应、储存、有效期等的制度。

工作人员应当对老年人进行多重用药安全评估，参照药品说明书，根据患者具体情况制订个体化给药方案。应当向老年人及其家属明确说明所用药物的储存方式、给药流程和注意事项，指导老年人在正确的时间、通过正确的途径合理使用药物，告知老年人可能出现的不良反应。老年人出现药物不良反应时，工作人员应当及时观察、处理。

（八）病历管理

医养结合机构应当按照《医疗机构管理条例》《医疗机构病历管理规定》《病历书写基本规范》《中医病历书写基本规范》等文件要求，建立患者登记及病历管理制度，规范书写、管理病历。

医养结合机构应当严格病历管理，任何人不得随意涂改病历，严禁伪造、隐匿、销毁、抢夺、窃取病历。除为患者提供诊疗服务的医务人员，以及经卫生健康行政部门或医疗机构授权的负责病案管理、医疗管理的部门或者人员外，其他任何机构和个人不得擅自查阅患者的病历。患者本人或其委托代理人向医疗机构提交复制或查阅病历的申请，并提供有关证明材料后，医疗机构应当按规定提供病历复制或查阅服务。

情境回顾

养老机构内设立的医疗机构在科室设置、人员配备、设备设施配备、药品配备、信息化建设等方面都应满足医疗机构基本标准的要求，医疗机构中的医护人员需要具有相应的从业资质，医疗机构内的空气质量、环境噪声、采光水平、房屋面积等也应符合相应的标准。

医养结合机构应当根据《医养结合机构管理指南（试行）》中的要求，从医疗质量管理、医疗护理服务管理、医疗康复服务管理、安宁疗护服务管理、感染防控管理、传染病管理、用药管理、病历管理等方面做好医疗服务管理工作。

课后练习

查阅《医养结合机构服务指南（试行）》《医养结合机构管理指南（试行）》《养老机构医务室基本标准（试行）》《养老机构护理站基本标准（试行）》等文件，熟悉相关条款。

学习成果检测

1. 填空题

（1）《养老机构管理办法》将养老机构定义为“依法办理登记，为老年人提供全日集中住宿和照料护理服务，床位数在_______张以上的机构”。

（2）根据《养老机构管理办法》，养老机构应当在收住老年人后_______个工作日以内向有关部门提出办理备案。

（3）根据《养老机构服务质量基本规范》（GB/T 35796—2017），养老机构应建立食品留样备查制度，每日留样品种齐全，每种样品不少于_______ g，并在专用盒上标注样品名、餐别、采样时间、采样人等。留样盒应置于 0℃～4℃的冰箱内，储存时间不少于_______小时，相关人员应进行留样记录。

（4）养老机构医务室应至少设有诊室、_________、_________。

2. 单项选择题

（1）养老机构中每（　　）名老年人应配备 1 名社会工作者。

A. 50　　　　B. 100

C. 150　　　　D. 200

（2）养老机构应当建立老年人信息档案，收集和妥善保管服务协议等相关资料，档案的保管期限不少于服务协议期满后（　　）年。

A. 1　　B. 3　　C. 5　　D. 10

（3）换岗、离岗（　　）个月以上的员工，以及应用新技术或使用新设备的员工，应接受岗前安全教育与培训。

A. 1　　B. 3　　C. 6　　D. 12

（4）养老机构护理站应至少有（　　）名具有护士以上职称的注册护士。

A. 1　　B. 2　　C. 3　　D. 5

3. 判断题

（1）设立经营性养老机构，应当在市场监督管理部门办理登记。（　　）

（2）民政部门对养老机构开展现场行政检查时，检查人员不得少于 3 人。（　　）

（3）养老机构应至少半年进行 1 次应急预案演练。（　　）

（4）养老机构若要设立二级及以下医疗机构，应取得《设置医疗机构批准书》。（　　）

4. 简答题

（1）养老机构的服务协议应当包括哪些内容？

（2）养老机构应当如何做好食品安全管理？

（3）医养结合机构中的工作人员应当如何做好用药管理？

学习成果评价

请进行学习成果评价，并将评价结果填入表 6-4 中。

表 6-4　学习成果评价表

班级				日期	
姓名		学号		指导教师	
项目名称	养老机构运营管理				
评价项目	评价内容		分值	自我评分	教师评分
理论知识（40%）	养老机构的内涵与设立		4		
	养老机构的服务		5		
	养老机构的内部管理与监督检查		4		
	养老机构的安全管理体系		4		
	养老机构的设备设施安全管理		5		
	养老机构的突发事件应急管理		4		

续表

评价项目	评价内容	分值	自我评分	教师评分
理论知识（40%）	养老机构的其他安全管理	5		
	医养结合机构的设立与医疗机构的基本要求	4		
	医养结合机构的医疗服务管理	5		
实践技能（40%）	能够识别养老服务相关场所的安全风险	20		
	能够对养老机构的运营管理提出合理建议	20		
综合素养（20%）	具备良好的学习态度	5		
	积极、主动参加实践活动	5		
	具备规则意识，遵循规章制度办事	5		
	具备细节意识与安全意识，办事谨慎	5		
合计		100		
总分（自我评分×40%+教师评分×60%）				
自我评价				
教师评价				

项目七
养老服务人才队伍建设与从业人员权益保障

项目引言

加快养老服务人才队伍建设是实现养老服务高质量发展的关键，我国近年来出台了一系列养老服务人才培养相关政策与法规，在加快养老服务人才队伍建设方面取得了显著成效。养老服务从业人员应当对相关政策、法规和现状有所了解，加深对行业发展的认识。此外，养老服务从业人员还应熟悉相关职业的国家职业技能标准，以便有针对性地提高职业技能。

养老服务从业人员作为劳动者，其权益受到法律保护。养老服务从业人员应当熟悉相关法律规定，掌握劳动合同的订立、履行与变更、解除，劳动争议的处理等事项，在工作中维护自己的合法权益。

知识目标

- 了解养老服务人才培养相关政策、法规和现状。
- 熟悉各级别养老护理员的技能要求。
- 掌握劳动合同订立、履行与变更、解除过程中的相关注意事项。
- 熟悉劳动争议的处理方式及相关注意事项。

素质目标

- 通过了解各类别、各级别养老服务从业人员的技能要求，培育职业发展意识，树立职业目标。
- 通过了解劳动者权益保障制度相关法规，增强法治精神和维权意识。

任务一 了解养老服务人才队伍建设

情境导入

朱某是某养老服务公司的护理主管，也是当地一所高校聘请的智慧健康养老服务与管理专业的企业导师。在十多年的养老服务工作中，朱某积累了丰富的经验，也深刻认识到实践的重要性。她积极参与高校的学科建设与教学工作，不仅通过“传帮带”提高学生的专业技能与实践能力，还编写了相关专业人才培养方案与课程教材，将自己在工作中遇到的实际问题与案例融入教学中，有针对性地培养养老服务行业所需的人才。

这种校企合作的培养模式取得了显著的成效，朱某指导的第一批学生在毕业后实现了100%就业，他们拥有较强的实践能力，能够快速适应实际工作，广受用人单位及所服务老年人的好评。

请思考：

（1）有哪些教育方面的政策与法规为养老服务人才培养提供了指导？

（2）除教育方面的政策与法规外，还有哪些与养老服务人才队伍建设有关的政策法规或标准？

一、养老服务人才培养

（一）人才培养相关政策与法规

为了解决养老服务人才培养规模小、层次单一、质量参差不齐等问题，为养老服务人才培养提供保障和指导，国家出台了一系列相关政策与法规。

1．法律保障

《老年人权益保障法》第四十七条规定：“国家建立健全养老服务人才培养、使用、评价和激励制度，依法规范用工，促进从业人员劳动报酬合理增长，发展专职、兼职和志愿者相结合的养老服务队伍。国家鼓励高等学校、中等职业学校和职业培训机构设置相关专业或者培训项目，培养养老服务专业人才。”这一规定为养老服务人才培养提供了法律保障。

2．整体布局

为了加快推进养老服务人才培养，教育部、民政部等部门于2014年6月联合发布《关于加快推进养老服务业人才培养的意见》，对养老服务人才培养进行了整体布局。

养老服务人才培养的组织保障

该文件提出，到2020年，要基本建立以职业教育为主体，应用型

本科和研究生教育层次相互衔接，学历教育和职业培训并重的养老服务人才培养培训体系；培养一支数量充足、结构合理、质量较好的养老服务人才队伍，以适应和满足我国养老服务业发展需求。

为了实现以上目标，该文件提出了加快推进养老服务相关专业教育体系建设、全面提高养老服务相关专业教育教学质量、大力加强养老服务从业人员继续教育、积极引导学生从事养老服务业等措施。

3．扩大规模

2019 年 9 月，民政部发布《关于进一步扩大养老服务供给 促进养老服务消费的实施意见》，提出建设高素质、专业化养老服务人才队伍，确保到 2022 年底前培养培训 1 万名养老院院长、200 万名养老护理员、10 万名专兼职老年社会工作者，切实提升养老服务持续发展能力。具体措施包括组织编制养老护理员职业技能等级标准及大纲、开发职业培训教材和职业培训包、开展养老护理员培养培训示范点建设、将养老服务列为职业教育校企合作优先领域、建设全国养老护理员信息和信用管理系统等。

4．加强教育

2019 年 9 月，教育部办公厅、国家发展改革委办公厅等部门联合发布《关于教育支持社会服务产业发展 提高紧缺人才培养培训质量的意见》，提出了以家政服务、健康管理、养老照护等一线高素质技术技能人才的培养为重点，以及完善学科专业布局，重点扩大技术技能人才培养规模，加快培养适应新业态、新模式需要的复合型创新人才，积极培养高层次管理和研发人才，支持从业人员学历提升，鼓励院校广泛开展职业培训，健全教学标准体系，建设高质量课程教材资源，开展 1+X 证书制度试点，推动校企深度合作，鼓励学生创新创业，打造“双师型”教师队伍，广泛开展国际交流与合作等一系列措施。

在普通本科教育方面，鼓励引导普通本科高校主动适应社会服务产业发展需要，设置中医康复学、中医养生学、老年医学等相关专业；原则上每个省份至少有 1 所本科高校开设家政服务、养老服务等相关专业。教育部于 2020 年 2 月发布《关于公布 2019 年度普通高等学校本科专业备案和审批结果的通知》，在普通高等学校本科专业目录中增补了老年学、养老服务管理等新专业，并陆续批准多所高校开设这两门新专业，以及健康服务与管理、中医康复学等养老服务相关专业，推动养老服务行业高素质人才的培养。

在职业教育方面，鼓励引导有条件的职业院校积极增设护理（老年护理方向、中医护理方向）、老年服务与管理等社会服务产业相关专业点；每个省份要有若干所职业院校开设养老服务类专业，引导围绕社会服务产业链打造特色专业群；扩大中高职贯通培养招生专业和规模。教育部于 2021 年 3 月发布《职业教育专业目录（2021 年）》，对部分专业进行了调整，例如，将中等职业教育的智能养老服务专业更名为智慧健康养老服务专业，将高等职业教育专科的老年服务与管理专业更名为智慧健康养老服务与管理专业，在高等职业教育本科新增智慧健康养老管理专业，完善了养老服务人才职业教育体系。

优化职业教育，培育养老服务人才

在上海某福利院，员工王某每天早晨准时来给89岁的施爷爷测量血压。施爷爷和老伴伍奶奶都患有高血压等慢性病，得益于王某和同事们的悉心照料，自2016年入住福利院以来，两位老人从未患过大病。王某正式入职福利院虽然才5年，但从大一开始，他就通过学校与福利院共建的现代学徒制订单班在福利院实习，从那时起，他就已与两位老人相识。

2014年8月，教育部发布《关于开展现代学徒制试点工作的意见》，其中提出“积极开展‘招生即招工、入校即入厂、校企联合培养’的现代学徒制试点”。次年8月，教育部办公厅发布《关于公布首批现代学徒制试点单位的通知》，长沙某高校被确定为首批试点高职院校，开设现代学徒制订单班。“招生即招工、入校即入职、学习即工作、毕业即就业”，老师的耐心介绍，让彼时刚刚入学的王某动了心。经过面试考核后，王某被录取为首届现代学徒制订单班学员，并与学校、福利院签订了三方协议。

首批订单班学员共21人，订单班采用学校和福利院轮替授课的教学模式。在校期间，订单班学员在完成学校基础课程的同时，还要通过民政局开设的网上课堂参加线上学习。第一学年结束后，王某和同学们被分配到福利院的7个分院轮流实习，分院院长担任指导老师，手把手传授服务技能。根据三方协议，订单班学员的全部学费和实习期间的交通费、生活费等由福利院承担。

在大三的实习中，王某开始在福利院独立开展照护工作，主要负责照护失能失智老人。王某每天扶抱老人几十次，为他们翻身、喂饭、更衣、换纸尿裤，一天工作10个小时以上。“有时也会感到疲惫，可一看到老人脸上的笑容，就觉得一切都值了。”王某说。

2018年7月，王某等21名订单班学员顺利毕业，全部如约入职福利院。“从校门到院门无缝对接，同学们一入职就能得心应手。订单班使我们提前熟悉单位和岗位，有针对性地做好职业规划，就业后没有心理落差，工作起来游刃有余。”王某说，“我不仅对老人们的性格特点和身体状况了然于胸，就连哪位老人每天要吃几次麦片、哪位老人的杯子放在哪个柜子都了如指掌，不需要额外花时间适应。”2023年，王某成为上海市首批养老护理高级技师，并荣获上海市五一劳动奖章。

“用人单位选拔人才的关口前移，实现就业供需‘双向奔赴’。”王某毕业高校的相关负责人介绍，“学校与多个政府部门、企业合作，累计开设智慧健康养老服务与管理专业订单班16个，订单班学员就业率达100%。”

资料来源：《人民日报》2023年6月2日13版，作者王云娜，有改动

（二）人才培养现状

在一系列政策与法规的指导下，经过多年的发展，我国的养老服务人才在数量和质量上都有了显著提升。根据民政部门的统计，截至 2021 年，全国共有各类养老机构和设施 35.8 万个，共有职工 125 万余人，与 2017 年相比分别增加了 131%与 78%。其中，注册登记的养老机构将近 4 万个，共有职工 54.9 万人，15.3%具有大学专科学历，8.3%具有大学本科及以上学历；社区养老服务机构和设施 31.8 万个，共有职工 70.4 万人，14.3%具有大学专科学历，6.8%具有大学本科及以上学历。

二、养老服务人才技能要求

《劳动法》第六十九条规定："国家确定职业分类，对规定的职业制定职业技能标准，实行职业资格证书制度，由经备案的考核鉴定机构负责对劳动者实施职业技能考核鉴定。"养老护理员、老年人能力评估师、家政服务员、健康照护师等职业都已有了相应的国家职业技能标准，标准中对各级别从业人员的技能要求做出了相应规定。以下以养老护理员为例，介绍养老服务人才技能要求。

养老护理员是从事老年人生活照料、护理服务工作的人员。根据《养老护理员国家职业技能标准（2019 年版）》，养老护理员这一职业共设 5 个等级，分别为五级/初级工、四级/中级工、三级/高级工、二级/技师、一级/高级技师。各级别养老护理员的技能要求由低等级到高等级依次递增，高等级涵盖低等级的技能要求。各级别养老护理员的技能要求如下。

（一）五级/初级工

养老护理员五级/初级工需要从事的工作包括生活照护、基础照护、康复服务等，各类工作的技能要求如表 7-1 所示。

表 7-1　养老护理员五级/初级工的技能要求

工作内容		技能要求
生活照护	清洁照护	① 能为老年人洗脸、洗手、洗头、梳头、剃胡须、洗脚、修剪指（趾）甲；② 能协助老年人清洁口腔；③ 能协助老年人摘戴并清洗义齿；④ 能协助老年人洗澡（淋浴、盆浴、擦浴）；⑤ 能为老年人清洁会阴部
	穿脱衣物	① 能为老年人穿脱衣服、鞋袜；② 能协助老年人穿脱简易矫形器等辅助器具
	饮食照护	① 能为老年人摆放进食体位；② 能协助老年人进食、进水；③ 能观察、评估老年人进食、进水的种类和量，报告并标记异常变化；④ 能对发生噎食、误吸情况的老年人采取应急措施，并报告、寻求帮助
	排泄照护	① 能协助老年人如厕；② 能协助卧床老年人使用便器排便；③ 能为老年人更换尿布、纸尿裤，倾倒尿液；④ 能观察老年人排泄物的性状、颜色、次数及量，报告并记录异常情况
	睡眠照护	① 能为老年人布置睡眠环境；② 能观察老年人睡眠状况，报告并记录异常变化
	环境清洁	① 能为老年人提供舒适整洁的环境；② 能整理、更换床单位
	失智照护	① 能为失智老年人提供生活照护；② 能协助观察失智老年人的异常行为

续表

工作内容		技能要求
基础照护	体征观测	① 能协助老年人测量生命体征并观察、记录；② 能协助老年人测量体重并记录
	护理协助	① 能使用热水袋等帮助老年人保暖；② 能使用冰袋等为高热老年人物理降温；③ 能观察老年人使用冷热疗法时的皮肤异常变化，记录并及时报告；④ 能为老年人翻身，观察其皮肤变化，识别Ⅰ度压疮并处理、报告；⑤ 能为老年人翻身叩背，促进排痰
	感染防控	① 能进行环境及物品的清洁；② 能进行手部清洁
康复服务	体位转换	① 能为老年人正确摆放体位；② 能协助老年人进行各种体位的转换；③ 能使用助行器、轮椅等辅助器具协助老年人转移
	康乐活动	能为老年人进行手工活动、娱乐游戏活动提供示范与指导

（二）四级/中级工

除生活照护、基础照护与康复服务外，养老护理员四级/中级工还需要从事心理支持工作，各类工作的技能要求如表 7-2 所示。

表 7-2　养老护理员四级/中级工的技能要求

工作内容		技能要求
生活照护	清洁照护	① 能为老年人进行口腔清洁；② 能为老年人进行身体清洁，并处理特殊情况
	饮食照护	① 能根据老年人疾病和特殊进食需求，选择进食类型和食品加工方式；② 能为戴鼻饲管的老年人喂食、喂水
	排泄照护	① 能通过使用开塞露、人工取便及其他辅助方法协助老年人排便；② 能为人工造瘘的老年人更换造瘘袋；③ 能观察留置导尿的老年人的尿量及尿颜色，标记异常并及时报告
	睡眠照护	① 能识别影响老年人睡眠的环境因素，并提出改善建议；② 能照护有睡眠障碍的老年人入睡；③ 能指导老年人改变不良的睡眠习惯
	环境清洁	① 能对老年人生活环境及常用物品进行清洁消毒；② 能对感染的老年人进行床旁消毒隔离；③ 能对垃圾进行分类和处理
基础照护	体征观测	① 能为老年人测量生命体征并观察、记录；② 能为老年人测量体重并记录；③ 能为老年人测量血糖并观察、记录
	用药照护	① 能协助老年人口服用药，观察老年人用药后的反应并及时报告；② 能观察老年人使用胰岛素后的血糖异常变化
	风险应对	① 能识别老年人跌倒、压疮、走失、噎食、误吸、烫伤、冻伤、中毒、中暑的风险，及时报告并提供风险预防措施；② 能发现老年人跌倒、急性创伤、肌肉骨骼关节损伤等，并及时报告
	护理协助	① 能观察和识别胃管、尿管、气管切开及造瘘口的异常情况，及时记录和上报；② 能为老年人留取二便标本；③ 能陪同老年人就医；④ 能协助对Ⅱ度压疮老年人做出正确的照护
	感染防控	① 能进行老年人常见传染病的预防；② 能正确配制和使用消毒液，对环境及物品进行消毒
	失智照护	① 能识别和应对常见失智老年人异常行为；② 能为失智老年人提供安全的环境
	安宁服务	① 能对临终老年人提供沟通和陪伴；② 能进行遗体清洁、遗物整理；③ 能进行终末消毒

续表

工作内容		技能要求
康复服务	康乐活动	① 能组织老年人开展文娱性康乐活动；② 能指导老年人使用简易健身器材进行活动；③ 能应用音乐、园艺、益智类游戏等活动照护失智老年人
	功能促进	① 能指导老年人进行日常生活活动训练；② 能协助压力性尿失禁老年人进行功能训练；③ 能指导老年人使用简易康复器材进行活动或训练；④ 能指导老年人进行坐位或站立位平衡训练；⑤ 能指导老年人使用日常生活类辅助器具；⑥ 能根据老年人的身体情况选择适当的助行器、轮椅等辅具
心理支持	沟通交流	能与团队成员、老年人及其家属沟通
	精神慰藉	① 能观察老年人的情绪和行为变化；② 能识别老年人情绪和行为变化的原因

（三）三级/高级工

除生活照护、基础照护、康复服务、心理支持外，养老护理员三级/高级工还需要从事培训指导工作。养老护理员三级/高级工的技能要求如表 7-3 所示。

表 7-3　养老护理员三级/高级工的技能要求

工作内容		技能要求
基础照护	用药照护	① 能喂老年人口服药，观察老年人用药后的不良反应并记录；② 能为老年人使用滴眼液、滴耳液、滴鼻液等外用药，观察老年人用药后的不良反应并记录
	风险应对	① 能评估老年人跌倒、压疮、走失、噎食、误吸、烫伤、冻伤、中毒、中暑的风险，制订风险预防措施，进行不良事件分析；② 能发现老年人急性创伤、肌肉骨骼关节损伤等，并进行初步的应急处置；③ 能配合医务人员对需要急救的老年人进行安全转运
	护理协助	① 能协助进行对Ⅲ度压疮老年人的照护；② 能对老年人提供雾化吸入、口腔吸痰、吸氧操作
	失智照护	① 能针对失智老年人的特殊异常行为采取相应的应对措施；② 能识别失智老年人的环境风险并制订应对措施
	安宁服务	① 能协助对临终老年人家属提供心理慰藉及哀伤应对；② 能协助老年人家属处理后事
康复服务	功能促进	① 能组织和指导老年人开展康复体操活动；② 能指导或协助老年人进行平地行走、上下楼梯训练；③ 能指导或协助老年人使用安全防护性辅助器具
	认知训练	能按照康复计划指导轻、中度认知功能障碍老年人进行记忆力、定向力等的训练
心理支持	沟通交流	① 能与失明、失聪、失语等功能受损的老年人进行沟通；② 能在发生冲突的情况下进行沟通
	心理辅导	① 能应对岗位工作压力；② 能指导老年人自我解压；③ 能识别老年人的异常心理活动，并及时应对上报；④ 能根据老年人心理及情绪变化采取应对措施
培训指导	理论培训	① 能对老年人及其家属进行照护知识培训；② 能对四级/中级工、五级/初级工级别的养老护理员进行照护知识培训
	技术指导	① 能传授老年人自我照护方法；② 能对老年人家属等非专业照护人员进行照护技能指导；③ 能对四级/中级工、五级/初级工级别的养老护理员进行照护技能指导

（四）二级/技师

除生活照护、基础照护、康复服务、心理支持、培训指导外，养老护理员二级/技师还需要从事照护评估、质量管理等工作。养老护理员二级/技师的技能要求如表 7-4 所示。

表 7-4　养老护理员二级/技师的技能要求

工作内容		技能要求
康复服务	功能促进	能在康复人员的指导下，对认知功能障碍的老年人进行日常生活活动能力训练，辅助对轻、中度言语功能障碍老年人进行言语功能训练
	康复评估	能在康复人员的指导下，辅助评估老年人日常生活活动能力康复效果、运动功能康复效果、认知功能康复效果
照护评估	老年人能力评估	① 能制订老年人能力评估的实施计划；② 能对老年人进行能力评估，并划分老年人的照护等级；③ 能评估老年人照护风险，并对照护等级进行调整
	照顾计划制订	① 能识别主要照护问题，并制订照护计划；② 能进行阶段性能力评估，并调整照护计划；③ 能撰写能力评估报告
	适老环境和辅具使用评估	① 能对适老环境进行评估，并提出整改建议；② 能对老年人康复辅具使用需求进行评估，并提出整改建议
质量管理	质量监督	① 能对照护服务效果、人员管理效果、服务保障进行监督；② 能对服务安全进行监管
	质量控制	① 能对照护服务的实施进行管理；② 能对服务人员进行管理；③ 能落实服务保障的要求；④ 能执行服务安全的要求
培训指导	理论培训	① 能对三级/高级工及以下级别的养老护理员进行照护知识培训；② 能制订培训计划，编写培训教案
	技术指导	① 能对三级/高级工及以下级别的养老护理员进行照护技术技能培训；② 能传授养老服务与管理的经验与技能

（五）一级/高级技师

养老护理员一级/高级技师需要从事的工作包括生活照护、基础照护、康复服务、心理支持、照护评估、质量管理、培训指导等。养老护理员一级/高级技师的技能要求如表 7-5 所示。

表 7-5　养老护理员一级/高级技师的技能要求

工作内容		技能要求
照护评估	专项功能评估	① 能对老年人常见身体、心理和社会功能等进行专项评估，识别照护中的特殊问题；② 能制订老年人常见身体、心理和社会功能专项评估的实施计划
	照顾计划完善	① 能进行阶段性功能评估，并调整照护计划；② 能撰写专项功能评估报告
	评估管理	① 能组织、督导评估人员开展评估；② 能在评估时对复杂情况进行个案处理；③ 能对评估实施方案进行持续改进；④ 能按照评估规范要求，处理有争议的评估结果

续表

工作内容		技能要求
质量管理	机构内部管理	① 能建立质量管理体系；② 能制订组织内的质量规范、评价指标；③ 能组织实施质量评价；④ 能对内部质量管理做出分析，制订整改计划
	质量系统评价	① 能评价机构或组织的服务及管理质量；② 能发现机构或组织存在的质量问题，并提出整改建议；③ 能对机构或组织的整改效果进行再评价
培训指导	理论培训	① 能组织和参与对二级/技师及以下级别的养老护理员的培训；② 能分析行业趋势，撰写养老服务与管理的研究报告
	培训管理	① 能评价培训方案，并提出改进建议；② 能评价培训效果，并提出改进方案；③ 能为行业发展提出建议

小提示

经人力资源社会保障部门备案公布的用人单位和相关社会培训评价组织负责按照国家职业技能标准或评价规范开展职业技能等级认定，颁发职业技能等级证书。人力资源社会保障部门职业技能鉴定中心负责国家职业技能标准和评价规范开发、试题试卷命制、考务管理服务等，并对职业技能等级认定工作进行质量监督。

情境回顾

2019 年 9 月，教育部办公厅、国家发展改革委办公厅等部门联合发布《关于教育支持社会服务产业发展 提高紧缺人才培养培训质量的意见》，提出了一系列加强养老服务人才教育的措施。例如，在推动校企深度合作方面，该文件鼓励社会力量与职业院校共建产业学院、大师工作室、协同创新平台、实习实训基地，实行现代学徒制、“订单培养”等培养模式，协同创新服务项目或开展技术研发，支持和鼓励企业承接教师实践锻炼和学生见习实习，深度参与紧缺领域人才培养培训。

除教育领域外，还有《老年人权益保障法》《劳动法》等法律为养老服务人才队伍建设提供了法律保障；《关于加快推进养老服务业人才培养的意见》等文件对养老服务人才培养进行了整体布局；《关于进一步扩大养老服务供给 促进养老服务消费的实施意见》等文件对扩大高素质、专业化养老服务人才队伍的规模提出了要求；《养老护理员国家职业技能标准（2019 年版）》等对各类别、各级别养老服务从业人员的技能要求做出了相应规定。

课后练习

（1）查找你所在地区与养老服务人才培养有关的地方政策。

（2）查找教育部发布的专业简介，了解你所学专业的职业面向、培养目标定位、主要专业能力要求等。

（3）查阅《养老护理员国家职业技能标准（2019年版）》及其他养老服务相关职业的国家职业技能标准，了解相关职业各级别的申报条件、职业道德要求、职业知识要求、工作技能要求等。

任务二　熟悉养老服务从业人员权益保障

情境导入

小张毕业后到一家养老机构求职，经过简单的考核后，该养老机构告知小张被录用了，前三个月为试用期。随后，小张每天到养老机构工作，但养老机构一直没有与她订立书面劳动合同。

两个月后，养老机构相关负责人告诉小张，她在试用期内表现不佳，因此养老机构决定将其辞退，并向其发放了两个月的薪酬。小张觉得十分委屈，因为她觉得自己在试用期内努力工作，表现良好，没有理由被辞退。

请思考：

（1）根据相关法律规定，小张此时可以提出哪些合理的诉求？

（2）小张可以采用哪些方式处理劳动争议，维护自己的合法权益？

一、劳动合同的订立

劳动合同是劳动者与用人单位确立劳动关系、明确双方权利和义务的协议。根据《劳动法》的规定，建立劳动关系应当订立劳动合同。因此，养老服务从业人员应当了解劳动合同订立的相关知识，在就业时与用人单位依法订立劳动合同，以保障自己的合法权益。

（一）劳动合同的作用

1．明确权利与义务

劳动合同明确了用人单位与劳动者在合同期限内的权利和义务。订立劳动合同，可以将法律中抽象的权利和义务及双方约定的权利和义务具体化，有助于用人单位对劳动者进行管理，也有助于劳动者更好地开展工作。

2．处理劳动争议

劳动合同是建立劳动关系的法律依据，订立劳动合同可以促使用人单位与劳动者正确地行使权利、履行义务，减少劳动争议的发生。若用人单位与劳动者产生劳动争议，双方或有关机构可以依据劳动合同中的条款依法协商、解决，维护双方的合法权益，尤其是劳动者的合法权益。

（二）劳动合同的内容

根据《劳动法》和《中华人民共和国劳动合同法》（以下简称《劳动合同法》）中的规定，劳动合同应当包括以下内容：

（1）用人单位的名称、地址和法定代表人或主要负责人。

（2）劳动者的姓名、住址和居民身份证或其他有效身份证件号码。

（3）劳动合同的期限。

（4）工作内容、工作地点、工作时间和休息休假。

（5）劳动保护、劳动条件和职业危害防护。

（6）劳动纪律与劳动报酬。

（7）社会保险。

（8）劳动合同终止的条件、违反劳动合同的责任。

（9）法规规定的应当纳入劳动合同的其他事项。

除上述必备条款外，劳动者与用人单位可以在劳动合同中协商约定其他内容，如试用期、培训、保守秘密、补充保险和福利待遇等事项。

课堂活动

以下是某养老机构提供的劳动合同范本，该合同的内容是否完整、合理？有哪些需要补充与改进的地方？请发表你的看法。

劳动合同

甲方：××养老院　　　　　　法定代表人：×××

乙方：__________　　　　　　身份证号码：______________________________

甲乙双方遵循合法、公平、平等自愿、协商一致、诚实信用的原则订立本合同。

第一条　合同期限

本合同自_____年_____月_____日起至_____年_____月_____日止，其中，试用期从用工之日起至_____年_____月_____日止，共_____个月。

第二条　工作内容

甲方安排乙方从事的工作内容为养老服务，包括但不限于为老年人提供生活照料服务、饮食服务、文化娱乐服务、健康监护服务。乙方应按照甲方安排的工作内容及要求，认真履行岗位职责，按时完成工作任务。

第三条　薪酬福利

乙方月基本工资为__________元，甲方于每月_____日前以现金或银行代发的形式及时足额支付乙方基本工资。奖金发放依据甲方相关制度执行。

乙方在试用期期间的工资标准为每月__________元。

第四条　社会保险

甲方为乙方办理有关社会保险手续，并承担相应社会保险义务，乙方应当缴纳的社会保险费由甲方从乙方的工资中代扣代缴。乙方发生工伤时，甲方应当及时采取措施使乙方得到救治，并按照《工伤保险条例》的规定，向乙方支付相应的工伤待遇。

第五条　职业培训

甲方为乙方提供劳动技能、安全生产等方面的培训，并提供符合国家规定的劳动安全卫生条件和必要的劳动防护用品。乙方应主动学习，积极参加甲方组织的培训，提高职业技能，并严格遵守安全操作规程。

第六条　合同的变更、解除与终止

甲乙双方应当按照《劳动合同法》的相关规定履行、变更、解除、终止本合同。符合《劳动合同法》有关规定情形的，甲方应当依法支付乙方经济补偿。

第七条　其他事项

甲乙双方因本合同发生劳动争议时，可以按相关法规的规定，进行协商、申请调解或仲裁。对仲裁裁决不服的，可向有管辖权的人民法院提起诉讼。

本合同未尽事宜，按国家和地方有关规定执行。

本合同自甲乙双方签字或盖章之日起生效。本合同一式两份，甲乙双方各执一份。

甲方（公章）：

甲方法定代表人签字：__________　　　　乙方（签字）：__________

签字（盖章）日期：_____年_____月_____日　　签字日期：_____年_____月_____日

（三）劳动合同的期限

劳动合同可以分为固定期限劳动合同、无固定期限劳动合同和以完成一定工作任务为期限的劳动合同。固定期限劳动合同是指用人单位与劳动者约定合同终止时间的劳动合同，无固定期限劳动合同是指用人单位与劳动者约定无确定终止时间的劳动合同，以完成一定工作任务为期限的劳动合同是指用人单位与劳动者约定以某项工作的完成为合同期限的劳动合同。

若有下列情形之一，且劳动者提出或同意续订、订立劳动合同，除劳动者提出订立固定期限劳动合同外，应当订立无固定期限劳动合同：

（1）劳动者在该用人单位连续工作满 10 年。

（2）用人单位初次实行劳动合同制度或国有企业改制重新订立劳动合同时，劳动者在该用人单位连续工作满 10 年且距法定退休年龄不足 10 年。

（3）劳动者与用人单位已连续订立两次固定期限劳动合同，且劳动者没有出现《劳动合同法》第三十九条和第四十条第一项、第二项规定的用人单位可以解除劳动合同情形。

若用人单位违法，不与劳动者订立无固定期限劳动合同，则须自应当订立无固定期限劳动合同之日起，向劳动者每月支付双倍的工资。

（四）劳动合同的订立原则

《劳动合同法》第三条第一款规定：“订立劳动合同，应当遵循合法、公平、平等自愿、协商一致、诚实信用的原则。”

1. 合法

劳动者和用人单位在订立劳动合同时要符合法规的规定，这是劳动合同生效且受法律保护的前提。

首先，订立劳动合同的主体必须合法。用人单位须是依法成立的企业、个体经济组织、国家机关、事业组织、社会团体等，劳动者须在法定劳动年龄内且有劳动能力。

其次，劳动合同的内容必须合法。劳动合同中所设的条款不得违反法律、行政法规强制性规定，用人单位不得利用劳动合同中的条款免除自己的法定责任、排除劳动者的权利。例如，用人单位不得在劳动合同中规定劳动者“不享受休假”“无基本工资”等。

最后，订立劳动合同的形式必须合法。例如，除非全日制用工外，劳动合同应当以书面形式订立，经用人单位与劳动者在劳动合同文本（见图 7-1）上签字或盖章生效，由用人单位和劳动者各执一份。

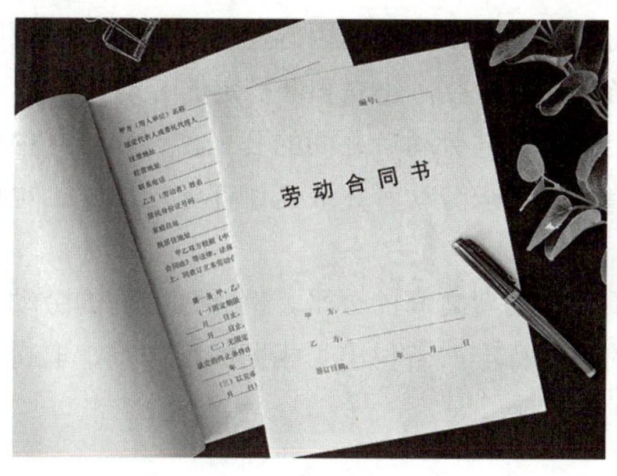

图 7-1　劳动合同文本

违法订立的劳动合同无效或部分无效。部分无效的劳动合同中，若无效的部分不影响其他部分的效力，则其他部分仍然有效。

政策引领

规范订立电子劳动合同

电子合同具有便捷、高效、低成本等优点，随着互联网信息技术的发展，电子合同的安全性、可靠性等也大有提升。2021 年 7 月，人力资源社会保障部办公厅发布《电子劳动合同订立指引》，为用人单位和劳动者依法规范订立电子劳动合同提供引导。

该文件提出，用人单位与劳动者订立电子劳动合同时，要通过电子劳动合同订立平台。电子劳动合同订立平台要具备身份认证、电子签名、意愿确认、数据安全防护等能力，确保电子劳动合同信息的订立、生成、传递、储存等符合法规规定，满足真实、完整、准确、不可篡改和可追溯等要求。电子劳动合同订立平台要通过数字证书、联网信息核验、生物特征识别验证、手机短信息验证码等技术手段，真实反映订立人身份和签署意愿，并记录和保存验证确认过程。鼓励用人单位和劳动者优先选用人力资源社会保障部门等政府部门建设的电子劳动合同订立平台。

该文件还提出，用人单位要提示劳动者及时下载和保存电子劳动合同文本，告知劳动者查看、下载电子劳动合同的方法，并提供必要的指导和帮助。用人单位要确保劳动者可以使用常用设备随时查看、下载、打印电子劳动合同的完整内容，不得向劳动者收取费用。若劳动者需要电子劳动合同纸质文本，用人单位要至少免费提供一份，并通过盖章等方式证明与数据电文原件一致。

资料来源：中国政府网，有改动

2. 公平

在符合法律规定的前提下，劳动合同的内容应当公平。公平原则是社会公德的体现，有利于平衡劳动合同双方当事人的利益，建立和谐稳定的劳动关系。

劳动合同应当保证用人单位与劳动者之间的公平，劳动合同中体现的双方的权利与义务应当对等。例如，用人单位在要求劳动者完成工作任务的同时，也应当为劳动者提供适宜的工作环境和合理的报酬。

劳动合同还应保证不同劳动者之间的公平。例如，不同的劳动者在相同的岗位从事相同的工作，应当实行相同的薪酬标准，若付出了相同的工作量、取得了相同的工作业绩，应当取得相同的薪酬。

3. 平等自愿

平等是指用人单位与劳动者在订立劳动合同时法律地位平等，没有高低、从属之分，不存在命令和服从、管理和被管理的关系，都有权选择对方，有权就劳动合同相关事项提出自己的意见；自愿是指订立劳动合同应当基于双方的真实意志，任何一方不得把自己的意志强加给另一方，不得以欺诈、胁迫的手段或乘人之危，使对方在违背真实意志的情况下订立劳动合同。

4. 协商一致

在订立劳动合同时，用人单位和劳动者都要仔细研究劳动合同的每项内容，针对劳动合同进行充分沟通和协商，解决分歧，达成一致。

5. 诚实信用

在订立劳动合同时，双方都要诚实守信，不得有欺骗、隐瞒行为。《劳动合同法》第八条规定：“用人单位招用劳动者时，应当如实告知劳动者工作内容、工作条件、工作地点、职业

危害、安全生产状况、劳动报酬，以及劳动者要求了解的其他情况；用人单位有权了解劳动者与劳动合同直接相关的基本情况，劳动者应当如实说明。”

（五）订立劳动合同的注意事项

养老服务从业人员在与用人单位订立劳动合同时，有以下注意事项。

1．订立劳动合同的时间

用人单位自用工之日起即与劳动者建立劳动关系，若建立劳动关系的同时未订立书面劳动合同，应当自用工之日起 1 个月内订立书面劳动合同。

若用人单位自用工之日起超过 1 个月不满 1 年未与劳动者订立书面劳动合同，应当向劳动者每月支付双倍的工资；若用人单位自用工之日起满 1 年不与劳动者订立书面劳动合同，则视为用人单位与劳动者已订立无固定期限劳动合同。

2．订立劳动合同的主体

在订立劳动合同时，劳动者要注意核实合同中的用人单位名称、法定代表人与公章，确定与自己订立合同的是自己入职的用人单位。

用人单位设立的分支机构若依法取得营业执照或登记证书，则可以作为用人单位与劳动者订立劳动合同；若未依法取得营业执照或登记证书，则可以受用人单位委托与劳动者订立劳动合同。

3．试用期

若劳动合同期限不满 3 个月，或订立的是以完成一定工作任务为期限的劳动合同，则不得约定试用期；若劳动合同期限在 3 个月以上不满 1 年，则试用期不得超过 1 个月；若劳动合同期限在 1 年以上不满 3 年，则试用期不得超过 2 个月；若劳动合同期限在 3 年以上，或订立的是无固定期限劳动合同，则试用期不得超过 6 个月。

同一用人单位与同一劳动者只能约定一次试用期。试用期包含在劳动合同期限内，若劳动合同中仅约定了试用期，则该试用期不成立，期限视为劳动合同期限。

试用期内的工资不得低于本单位相同岗位最低档工资或劳动合同约定工资的 80%，且不得低于用人单位所在地的最低工资标准。

在以下 3 个案例中，用人单位的行为是否合理？请发表你的看法。

案例 1 甲与 A 养老机构订立了为期 3 年的劳动合同，约定试用期为 2 个月。在试用期期间，甲因病住院 20 天，并履行了病假请假手续。甲出院返岗后，A 养老机构告知其试用期要延长 20 天。

案例 2 乙与 B 养老机构订立了为期 2 年的劳动合同，约定试用期为 1 个月。试用期结束时，B 养老机构认为乙业务能力不佳，暂不符合录用条件。但由于当时 B 养老机构人手不足，B 养老机构提出将乙的试用期延长 1 个月。

案例 3　丙与 C 养老机构订立了为期 3 年的劳动合同，约定试用期为 6 个月。在试用期即将结束时，C 养老机构被 D 养老机构收购，D 养老机构要求与 C 养老机构中的所有员工重新订立劳动合同。根据新的劳动合同，丙需要重新接受 6 个月的试用期考察。

4．服务期

若用人单位为劳动者提供专项培训费用，对其进行专业技术培训，用人单位可以与该劳动者订立协议，约定服务期。如果劳动者违反服务期约定，应当按照约定向用人单位支付违约金，违约金的数额不得超过用人单位提供的培训费用，用人单位要求劳动者支付的违约金不得超过服务期尚未履行部分所应分摊的培训费用。如果劳动合同期满，但服务期尚未到期，劳动合同应当续延至服务期满；双方另有约定的，从其约定。

二、劳动合同的履行与变更

（一）劳动合同的履行

《劳动合同法》第二十九条规定：“用人单位与劳动者应当按照劳动合同的约定，全面履行各自的义务。”在履行劳动合同时，养老服务从业人员应当重点关注以下内容。

1．劳动报酬

用人单位应当按照劳动合同约定和国家规定，向劳动者及时足额支付劳动报酬。若用人单位拖欠或未足额支付劳动报酬，劳动者可以依法向当地人民法院申请支付令。

2．劳动时间与休息休假

用人单位应当严格执行劳动定额标准，不得强迫或变相强迫劳动者加班。如果用人单位安排加班，应当按照国家有关规定向劳动者支付加班费。

根据《劳动法》规定，劳动者每日工作时间不超过 8 小时，平均每周工作时间不超过 44 小时，每周应至少休息 1 日。用人单位在元旦、春节、劳动节、国庆节及法规规定的其他休假节日应依法安排劳动者休假。连续工作 1 年以上的劳动者享受带薪年休假。劳动者在法定休假日、婚丧假期间，以及依法参加社会活动期间，用人单位应当依法支付工资。

若存在生产经营需要，用人单位与工会和劳动者协商后可以延长工作时间，一般每日不得超过 1 小时；若有特殊原因需要延长工作时间，在保障劳动者身体健康的条件下延长的工作时间每日不得超过 3 小时，每月不得超过 36 小时。用人单位若安排劳动者延长工作时间，应支付不低于 1.5 倍工资数额的报酬；若在休息日安排劳动者工作，又不能安排补休，应支付不低于 2 倍工资数额的报酬；若在法定休假日安排劳动者工作，应支付不低于 3 倍工资数额的报酬。

法定休假标准

1. 休息日

休息日又称公休假日，是劳动者满1个工作周后的休息时间。《国务院关于职工工作时间的规定》中规定，国家机关、事业单位实行统一的工作时间，星期六和星期日为周休息日；企业和不能实行国家规定的统一工作时间的事业单位，可以根据实际情况灵活安排周休息日。

2. 法定年节假日

我国现行法定年节假日标准为11天。根据《全国年节及纪念日放假办法》，我国全体公民放假的节日分别为元旦（放假1天）、春节（放假3天）、清明节（放假1天）、劳动节（放假1天）、端午节（放假1天）、中秋节（放假1天）、国庆节（放假3天）。此外，还有一些部分公民放假的节日及纪念日，如妇女节（妇女放假半天）、青年节（14周岁以上的青年放假半天）等。少数民族习惯的节日，由各少数民族聚居地区的地方人民政府，按照各该民族习惯，规定放假日期。

全体公民放假的假日如果适逢星期六、星期日，应当在工作日补假；部分公民放假的假日如果适逢星期六、星期日，则不补假。

3. 带薪年休假

《职工带薪年休假条例》中规定，机关、团体、企业、事业单位、民办非企业单位、有雇工的个体工商户等单位的职工连续工作1年以上的，享受带薪年休假；职工在年休假期间享受与正常工作期间相同的工资收入。职工累计工作已满1年不满10年的，年休假5天；已满10年不满20年的，年休假10天；已满20年的，年休假15天。国家法定休假日、休息日不计入年休假的假期。

4. 婚丧假

根据《关于国营企业职工请婚丧假和路程假问题的通知》，职工本人结婚或职工的直系亲属死亡时，可根据实际情况获取1～3天的婚丧假及相应的路程假。

5. 产假

根据《女职工劳动保护特别规定》，女职工生育享受98天产假，其中产前可以休假15天；难产的，增加产假15天；生育多胞胎的，每多生育1个婴儿，增加产假15天。女职工怀孕未满4个月流产的，享受15天产假；怀孕满4个月流产的，享受42天产假。此外，许多地区发布了相应政策延长产假。

用人单位应当在每天的劳动时间内为哺乳期女职工安排1小时哺乳时间；女职工生育多胞胎的，每多哺乳1个婴儿，每天增加1小时哺乳时间。

3．用人单位变更

用人单位变更名称、法定代表人、主要负责人或投资人等事项，不影响劳动合同的履行。若用人单位发生合并或分立等，原劳动合同仍然有效，由承继其权利和义务的用人单位继续履行。

4．劳动保护

根据《劳动法》等法规的规定，用人单位必须建立、健全劳动安全卫生制度，严格执行国家劳动安全卫生规程和标准，对劳动者进行劳动安全卫生教育，预防劳动过程中的事故，减少职业危害；用人单位必须为劳动者提供符合国家规定的劳动安全卫生条件和必要的劳动防护用品（见图 7-2），对从事有职业危害作业的劳动者定期进行健康检查。对用人单位管理人员的违章指挥、强令冒险作业，劳动者有权拒绝执行。对危害生命安全和身体健康的行为，劳动者有权提出批评、检举和控告。

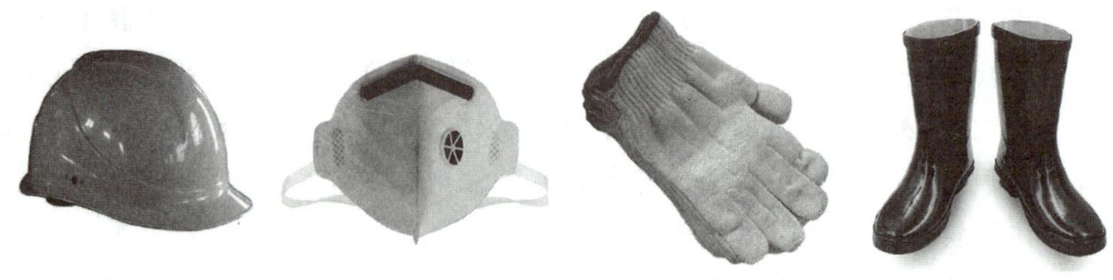

图 7-2　劳动防护用品

此外，女性劳动者和未成年劳动者受到特殊劳动保护。例如，用人单位不得安排怀孕 7 个月以上的女性劳动者进行夜班劳动或延长其工作时间，不得安排未成年劳动者从事有毒有害劳动，等等。

（二）劳动合同的变更

用人单位与劳动者在订立劳动合同时，无法将全部问题在合同中列明，也无法预测合同履行过程中可能出现的意外情况，因此在必要的时候，应当对劳动合同进行变更，以免造成双方的利益损失。

《劳动合同法》第三十五条规定："用人单位与劳动者协商一致，可以变更劳动合同约定的内容。变更劳动合同，应当采用书面形式。变更后的劳动合同文本由用人单位和劳动者各执一份。"因此，劳动合同变更应当在协商一致的前提下进行。

扫一扫

变更劳动合同的注意事项

根据《最高人民法院关于审理劳动争议案件适用法律问题的解释（一）》，若用人单位与劳动者协商一致变更劳动合同，虽未采用书面形式，但已经实际履行了口头变更的劳动合同超过 1 个月，且变更后的劳动合同内容不违反法律、行政法规，不违背公序良俗，则人民法院不支持当事人以未采用书面形式为由主张劳动合同变更无效。因此，口头形式进行的劳动合同变更在某些情况下也具有效力。

合同变更应谨慎，口头约定亦有效

唐某入职某养老机构担任养老护理员，试用期过后，养老机构的负责人认为唐某不善于和老年人沟通，不适合继续从事养老护理工作，决定将唐某调至后勤岗位，并将其月薪减少 1 000 元。养老机构的负责人通过面谈将该决定告知唐某，唐某当时未提出异议，且在第二天根据安排到新岗位工作。

6 个月后，唐某提出辞职，并要求养老机构补偿 6 000 元的工资差额，理由是调岗降薪事宜未通过书面形式确立，该劳动合同变更无效，养老机构应当按照原劳动合同发放薪酬。养老机构不同意该补偿要求，于是唐某起诉至法院。

法院经审理后认为，唐某已经实际履行了口头变更的劳动合同超过 1 个月，且变更后的劳动合同内容合理，该劳动合同变更行为有效，因此驳回了唐某的请求。

三、劳动合同的解除

当出现劳动合同期满，劳动者开始依法享受基本养老保险待遇，用人单位被依法宣告破产，用人单位被吊销营业执照、责令关闭、撤销等情形时，劳动合同即终止。在劳动合同终止之前，用人单位与劳动者可以在协商一致的前提下解除劳动合同。此外，在某些情形下，用人单位、劳动者也可以单方面解除劳动合同。养老服务从业人员应当对各种解除劳动合同的情形有所了解，在遇到相应情形时可以维护自己的合法权益。

（一）用人单位解除劳动合同

1．无条件解除

若劳动者出现以下情形，用人单位可以无条件解除劳动合同：

（1）在试用期间被证明不符合录用条件。

（2）严重违反用人单位的规章制度。

（3）严重失职，营私舞弊，给用人单位造成重大损害。

（4）同时与其他用人单位建立劳动关系，对完成本单位的工作任务造成严重影响，或经用人单位提出，拒不改正。

（5）以欺诈、胁迫的手段或乘人之危，使用人单位在违背真实意思的情况下订立或变更劳动合同，致使劳动合同无效。

（6）被依法追究刑事责任。

除在试用期间被证明不符合录用条件的情形外，若劳动者被用人单位依法无条件解除约定服务期的劳动合同，劳动者应当按照劳动合同的约定向用人单位支付违约金。

2．有条件解除

若出现以下情形，用人单位提前 30 日以书面形式通知劳动者本人，或额外向劳动者支付 1 个月工资后，可以解除劳动合同：

（1）劳动者患病或非因工负伤，在规定的医疗期满后不能从事原工作，也不能从事由用人单位另行安排的工作。

（2）劳动者不能胜任工作，且经过培训或调整工作岗位后，仍不能胜任工作。

（3）劳动合同订立时所依据的客观情况发生重大变化，致使劳动合同无法履行，且用人单位与劳动者协商后未能就变更劳动合同内容达成协议。

若用人单位选择额外向劳动者支付 1 个月工资后解除劳动合同，额外支付的工资应当按照解除劳动合同前 1 个月该劳动者的工资标准确定。

如果劳动者没有出现用人单位可以无条件解除劳动合同的情形，且出现以下情形，用人单位不得与该劳动者解除劳动合同：

（1）劳动者从事接触职业病危害作业，且未进行离岗前职业健康检查；疑似患有职业病，在诊断或医学观察期间。

（2）劳动者在本单位患职业病或因工负伤并被确认丧失或部分丧失劳动能力。

（3）劳动者患病或非因工负伤，并在规定的医疗期内。

（4）女职工在孕期、产期、哺乳期内。

（5）劳动者在本单位连续工作满 15 年，且距法定退休年龄不足 5 年。

（6）法律、行政法规规定的其他情形。

裁减人员的相关规定

根据《劳动法》《劳动合同法》的规定，如果用人单位因特殊情况（如按照《中华人民共和国企业破产法》规定进行重整、经营发生严重困难等）需要裁减人员 20 人以上，或裁减人员数量不足 20 人但占职工总数 10%以上，需要提前 30 天向工会或全体职工说明情况，听取工会或职工的意见，并向劳动行政部门报告裁减人员方案。

裁减人员时，应当优先留用与本单位订立较长期限的固定期限劳动合同的劳动者、与本单位订立无固定期限劳动合同的劳动者、家庭无其他就业人员且有需要扶养的老年人或未成年人的劳动者。

裁减人员后的用人单位若在 6 个月内重新招用人员，应当通知被裁减的人员，并在同等条件下优先招用被裁减的人员。

（二）劳动者解除劳动合同

劳动者提前 30 天以书面形式通知用人单位，或在试用期内提前 3 天通知用人单位，即可解除劳动合同。此外，若出现以下情形，劳动者也可以解除劳动合同：

（1）用人单位未按照劳动合同约定提供劳动保护或劳动条件。

（2）用人单位未及时足额支付劳动报酬。

（3）用人单位未依法为劳动者缴纳社会保险费。

（4）用人单位的规章制度违反法规的规定，损害劳动者权益。

（5）用人单位以欺诈、胁迫的手段或乘人之危，使劳动者在违背真实意思的情况下订立或变更劳动合同，致使劳动合同无效。

（6）用人单位在劳动合同中免除自己的法定责任、排除劳动者权利，致使劳动合同无效。

（7）用人单位违反法律、行政法规强制性规定，致使劳动合同无效。

（8）用人单位以暴力、威胁或非法限制人身自由的手段强迫劳动者劳动。

（9）用人单位违章指挥、强令冒险作业危及劳动者人身安全。

（10）法律、行政法规规定的劳动者可以解除劳动合同的其他情形。

若用人单位以暴力、威胁或非法限制人身自由的手段强迫劳动者劳动，或违章指挥、强令冒险作业危及劳动者人身安全，劳动者可以立即解除劳动合同，不需事先告知用人单位。

四、劳动争议的处理

根据《劳动法》《中华人民共和国劳动争议调解仲裁法》《企业劳动争议协商调解规定》等法规，用人单位与劳动者发生劳动争议时，可以采用协商、调解、仲裁、诉讼的方式处理。养老服务从业人员应当掌握劳动争议的处理方式，在发生劳动争议时拿起法律的武器，维护自己的合法权益。

（一）协商

发生劳动争议时，一方当事人可以通过与另一方当事人约见、面谈等方式协商解决。劳动者可以要求所在企业工会参与协商，或协助自己与企业进行协商，工会也可以主动参与劳动争议的协商处理，维护劳动者的合法权益。劳动者可以委托其他组织或个人作为其代表进行协商。

一方当事人提出协商要求后，另一方当事人应当积极做出口头或书面回应，若 5 日内不做出回应，则视为不愿协商。协商的期限由当事人书面约定，若在约定的期限内没有达成一致，则视为协商不成。当事人可以书面约定延长期限。

协商达成一致后，应当签订书面和解协议。和解协议对双方当事人具有约束力，当事人应当履行。

（二）调解

发生劳动争议后，如果当事人不愿协商、协商不成，或达成和解协议后，一方当事人在约定的期限内不履行和解协议，当事人可以依法向调解组织申请调解。调解组织包括企业劳动争议调解委员会，依法设立的基层人民调解组织，在乡镇、街道设立的具有劳动争议调解职能的组织等。

小提示

大中型企业应当依法设立调解委员会，并配备专职或兼职工作人员；有分公司、分店、分厂的企业，可以根据需要在分支机构设立调解委员会；小微型企业可以设立调解委员会，也可以由劳动者和企业共同推举人员，开展调解工作。

调解申请可以口头或书面的形式提出，申请内容应当包括申请人基本情况、调解请求、事实与理由等。劳动争议的调解应当自受理调解申请之日起 15 日内结束，双方当事人同意延期的可以延长。若在 15 日内或延长后的期限内未达成调解协议，则视为调解不成。

经调解达成协议后，双方当事人应当在调解协议书上签名或盖章，调解协议书经调解员签名并加盖调解组织印章后生效。调解协议书对双方当事人具有约束力，当事人应当履行。

（三）仲裁

发生劳动争议后，如果当事人不愿调解、调解不成，或达成调解协议后，一方当事人在约定的期限内不履行调解协议，当事人可以依法向劳动争议仲裁委员会申请仲裁。当事人申请劳动争议仲裁后，可以自行与对方当事人和解，若达成和解协议，可以撤回仲裁申请。当事人可以亲自或委托代理人参加仲裁活动（见图 7-3），委托他人参加仲裁活动的应当提交委托书。

图 7-3　仲裁活动

劳动争议仲裁委员会裁决劳动争议案件实行仲裁庭制。仲裁庭在作出裁决前，应当先行调解。若双方当事人经调解达成协议，仲裁庭应当制作调解书，调解书由仲裁员签名，加盖劳动争议仲裁委员会印章，经双方当事人签收后，产生法律效力。若调解不成，或一方当事人在调解书送达前反悔，仲裁庭应当及时做出裁决。

仲裁应当自仲裁申请之日起 45 日内结束，若案情复杂，可以延期，但延长期限不得超过 15 日。若当事人在收到仲裁裁决书后未在规定时间内向人民法院提起诉讼，则裁决书产生法律效力。

若劳动争议属于追索劳动报酬、工伤医疗费、经济补偿或者赔偿金，且金额不超过当地月最低工资标准 12 倍的争议，或因执行国家的劳动标准在工作时间、休息休假、社会保险等方面发生的争议，则仲裁裁决为终局裁决，裁决书自做出之日起产生法律效力。

对于产生法律效力的调解书、裁决书，当事人应当依照规定的期限履行。若一方当事人

逾期不履行，另一方当事人可以向人民法院申请执行。

若用人单位有证据证明终局裁决存在以下情形，可以自收到裁决书之日起30日内向人民法院申请撤销裁决：① 适用法律、法规确有错误；② 劳动争议仲裁委员会无管辖权；③ 违反法定程序；④ 裁决所依据的证据是伪造的；⑤ 对方当事人隐瞒了足以影响公正裁决的证据；⑥ 仲裁员在仲裁该案时有索贿受贿、徇私舞弊、枉法裁决行为。

（四）诉讼

申请劳动争议仲裁后，若劳动争议仲裁委员会不受理该劳动争议仲裁申请，或者逾期未做出决定，申请人可以向人民法院提起诉讼。

劳动争议仲裁申请受理后，若劳动争议仲裁委员会逾期未做出仲裁裁决，当事人可以向人民法院提起诉讼。

劳动争议仲裁委员会做出仲裁裁决后，若当事人对终局裁决以外的仲裁裁决不服，可以自收到仲裁裁决书之日起 15 日内向人民法院提起诉讼；若劳动者对终局裁决不服，可以自收到仲裁裁决书之日起 15 日内向人民法院提起诉讼；若终局裁决被人民法院裁定撤销，当事人可以自收到裁定书之日起15日内向人民法院提起诉讼。

情境回顾

在“情境导入”中，小张首先应当要求养老机构以双倍的月工资标准补齐自己应得的薪酬。《劳动合同法》第八十二条第一款规定：“用人单位自用工之日起超过一个月不满一年未与劳动者订立书面劳动合同的，应当向劳动者每月支付二倍的工资。”

此外，小张可以要求继续留在养老机构工作，或离职并向养老机构索要一个月的工资作为赔偿。《劳动合同法》第四十八条规定：“用人单位违反本法规定解除或者终止劳动合同，劳动者要求继续履行劳动合同的，用人单位应当继续履行；劳动者不要求继续履行劳动合同或者劳动合同已经不能继续履行的，用人单位应当依照本法第八十七条规定支付赔偿金。”第八十七条规定：“用人单位违反本法规定解除或者终止劳动合同的，应当依照本法第四十七条规定的经济补偿标准的二倍向劳动者支付赔偿金。”第四十七条第一款规定：“经济补偿按劳动者在本单位工作的年限，每满一年支付一个月工资的标准向劳动者支付。六个月以上不满一年的，按一年计算；不满六个月的，向劳动者支付半个月工资的经济补偿。”

小张可以采用与养老机构协商、向调解组织申请调解、向劳动争议仲裁委员会申请仲裁、向人民法院提起诉讼等方式处理劳动争议，维护自己的合法权益。

课后练习

（1）查找政府部门发布的劳动合同范本，熟悉劳动合同的格式与内容。

（2）查阅《劳动法》第七章及相关文件，了解法律对女性劳动者和未成年劳动者的特殊保护。

（3）搜集政府部门发布的劳动争议典型案件，对照《劳动法》《劳动合同法》《中华人民共和国劳动合同法实施条例》等法规分析这些案件，熟悉相关法规条款。

学习成果检测

1. 填空题

（1）教育部于 2021 年 3 月发布《职业教育专业目录（2021 年）》，将中等职业教育的智能养老服务专业更名为__________________专业，将高等职业教育专科的老年服务与管理专业更名为__________________专业。

（2）除生活照护、基础照护与康复服务外，养老护理员四级/中级工还需要从事____________工作，包括沟通交流与精神慰藉等。

（3）订立劳动合同，应当遵循________、________、________、________、________的原则。

（4）劳动者提前____天以书面形式通知用人单位，或在试用期内提前____天通知用人单位，即可解除劳动合同。

2. 单项选择题

（1）劳动合同中约定的试用期最高不得超过（　　）个月。

A. 1　　B. 3　　C. 6　　D. 12

（2）用人单位若在法定休假日安排劳动者工作，应支付不低于（　　）倍工资数额的报酬。

A. 1.5　　B. 2　　C. 3　　D. 4

（3）发生劳动争议时，一方当事人提出协商要求后，另一方当事人应当积极做出口头或书面回应，若（　　）日内不做出回应，则视为不愿协商。

A. 3　　B. 5　　C. 7　　D. 10

3. 判断题

（1）养老护理员五级/初级工应当能为老年人进行手工活动、娱乐游戏活动提供示范与指导。（　　）

（2）违法订立的劳动合同全部条款无效。（　　）

（3）若用人单位以暴力、威胁或非法限制人身自由的手段强迫劳动者劳动，劳动者可以解除劳动合同。（　　）

（4）劳动者若对劳动争议仲裁裁决不服，可以自收到仲裁裁决书之日起 15 日内向人民法院提起诉讼。（　　）

4. 简答题

（1）养老护理员四级/中级工应当掌握哪些饮食照护技能？

（2）劳动合同有哪些作用？

（3）与用人单位发生劳动争议时，劳动者应当如何维护自己的合法权益？

学习成果评价

请进行学习成果评价，并将评价结果填入表 7-6 中。

表 7-6 学习成果评价表

<table>
<tr><td>班级</td><td colspan="3"></td><td>日期</td><td></td></tr>
<tr><td>姓名</td><td></td><td>学号</td><td></td><td>指导教师</td><td></td></tr>
<tr><td>项目名称</td><td colspan="5">养老服务人才队伍建设与从业人员权益保障</td></tr>
<tr><td>评价项目</td><td colspan="2">评价内容</td><td>分值</td><td>自我评分</td><td>教师评分</td></tr>
<tr><td rowspan="6">理论知识
（40%）</td><td colspan="2">养老服务人才培养相关政策、法规和现状</td><td>5</td><td></td><td></td></tr>
<tr><td colspan="2">各级别养老护理员的技能要求</td><td>10</td><td></td><td></td></tr>
<tr><td colspan="2">劳动合同的订立</td><td>7</td><td></td><td></td></tr>
<tr><td colspan="2">劳动合同的履行与变更</td><td>6</td><td></td><td></td></tr>
<tr><td colspan="2">劳动合同的解除</td><td>6</td><td></td><td></td></tr>
<tr><td colspan="2">劳动争议的处理</td><td>6</td><td></td><td></td></tr>
<tr><td rowspan="3">实践技能
（40%）</td><td colspan="2">能够根据未来想要从事的职业的技能要求做好相应准备</td><td>10</td><td></td><td></td></tr>
<tr><td colspan="2">能够正确订立、履行、变更、解除劳动合同</td><td>15</td><td></td><td></td></tr>
<tr><td colspan="2">能够为劳动争议事件提供合理的建议</td><td>15</td><td></td><td></td></tr>
<tr><td rowspan="4">综合素养
（20%）</td><td colspan="2">具备良好的学习态度</td><td>5</td><td></td><td></td></tr>
<tr><td colspan="2">积极、主动参加实践活动</td><td>5</td><td></td><td></td></tr>
<tr><td colspan="2">具有职业发展意识与清晰的职业目标</td><td>5</td><td></td><td></td></tr>
<tr><td colspan="2">具有法治精神与维权意识</td><td>5</td><td></td><td></td></tr>
<tr><td colspan="3">合计</td><td>100</td><td></td><td></td></tr>
<tr><td colspan="3">总分（自我评分×40%+教师评分×60%）</td><td colspan="3"></td></tr>
<tr><td>自我评价</td><td colspan="5"></td></tr>
<tr><td>教师评价</td><td colspan="5"></td></tr>
</table>

参考文献

[1] 陈洪忠，陈娟，韩洪，等. 养老法律那些事儿［M］. 北京：知识产权出版社，2015.

[2] 朱晓卓. 老年人服务与管理政策法规［M］. 北京：海洋出版社，2017.

[3] 杨根来. 老年政策法规和标准［M］. 北京：北京师范大学出版社，2017.

[4] 刘利君. 老年服务法律法规与标准［M］. 北京：机械工业出版社，2017.

[5] 于建明. 政策视角下的中国养老服务体系研究［M］. 北京：中国社会出版社，2021.

[6] 王晓霞等. 养老服务体系建设研究［M］. 天津：天津人民出版社，2021.

[7] 李雪兵，龙岳华. 养老服务机构标准化建设管理规范［M］. 长沙：湖南科学技术出版社，2021.

[8] 民政部政策研究中心. 农村养老服务政策与实践［M］. 北京：研究出版社，2021.

[9] 王碧英. 新时代养老服务体系建设研究［M］. 厦门：厦门大学出版社，2022.